Colección LECTU

MW00681780

Lecturas de Español son historias interesantes, breves y llenas de información sobre la lengua y la cultura de España. Con ellas puedes divertirte y al mismo tiempo aumentar tus conocimientos. Existen seis niveles de lecturas (elemental I y II, intermedio I y II y superior I y II), así que te resultará fácil seleccionar una historia adecuada para ti.

En *Lecturas de Español* encontrarás:
- temas e historias variadas y originales,
- notas de cultura y vocabulario,
- ejercicios interesantes sobre la gramática y las notas de cada lectura,
- la posibilidad de compartir tu lectura con otros estudiantes.

NIVEL ELEMENTAL - II

Con amor y con palabras

Coordinadores de la colección:
    Abel A. Murcia Soriano (Instituto Cervantes. Varsovia)
    José Luis Ocasar Ariza (Universidad Complutense de Madrid)
Autor del texto:
    Pedro Martín Rodríguez Valladares
Explotación didáctica:
    Abel A. Murcia Soriano
    José Luis Ocasar Ariza
Fotografías:
    Pedro Martín Rodríguez Valladares
Autor de la música y ejecución instrumental:
    Javier Pérez Mejías
Estudio de grabación:
    Luz del Sur
Maquetación e Ilustraciones:
    Carlos Yllana
Diseño de la cubierta:
    Carlos Casado Osuna
Diseño de la colección:
    Antonio Arias Manjarín

ISBN-13: 978-84-95986-95-5
ISBN-13 con CD: 978-84-95986-96-2
Depósito Legal: M-29927-2007

Editorial Edinumen
José Celestino Mutis, 4
28028 - Madrid (España)
Tlf.: 91 308 51 42
Fax: 91 319 93 09
E-mail: edinumen@edinumen.es

Imprime: Gráficas Glodami. Coslada (Madrid)

Con amor
y con palabras

ANTES DE EMPEZAR A LEER

1. El título de la historia es *Con amor y con palabras*. ¿Con qué asocias este título? Anota tus asociaciones y comprueba cuando acabes la lectura hasta qué punto has acertado. Puedes comentar con tus compañeros vuestras hipótesis.

2. A continuación tienes una sopa de letras en la que aparecen escondidas seis palabras relacionadas de alguna manera con el amor. Una vez encontradas podrás leer un pensamiento si eliminas esas palabras. ¿Qué opinión te merece? Coméntalo con tus compañeros.

E	L	E	N	A	M	O	R	A	R	S	E	A
M	O	R	N	O	N	E	C	E	B	E	S	O
S	I	T	A	D	E	C	A	R	I	C	I	A
P	C	A	P	L	A	B	R	A	S	E	P	A
R	A	A	A	R	E	A	L	I	Z	L	A	R
S	E	E	R	N	U	M	U	N	O	D	O	O
E	N	E	E	I	L	Q	U	E	E	S	L	S
I	L	E	J	N	Ñ	C	I	O	T	I	E	N
E	P	O	A	C	O	O	V	A	L	O	R	■

3. A continuación tienes las siluetas de 7 países latinoamericanos. Escribe debajo de cada una de ellas el nombre del país que se oculta tras la imagen.

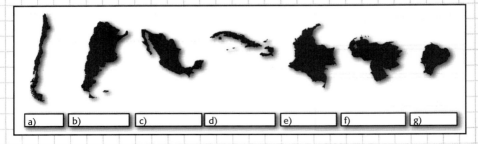

a)　　b)　　c)　　d)　　e)　　f)　　g)

4. Anota los nombres de 5 ciudades pertenecientes al país en el que crees que se desarrolla la acción. Compara con tus compañeros.

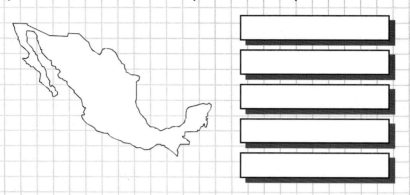

5. Agrupa por países –tienes 7– las 20 ciudades que aparecen a continuación. La acción de la historia que vas a leer se desarrolla en el país que cuenta con un mayor número de ciudades.

. *Mar de Plata, La Paz, Puebla, Arequipa, Quito, Acapulco, Maracaibo, Rosario, México DF, Buenos Aires, Oaxaca, Sucre, Pinar del Río, Guayaquil, Lima, Monterrey, La Habana, Caracas, Chihuahua, Trujillo.*

País	Ciudades
	....
	....
	....
	....
	....
	....
	....

6. A continuación tienes 9 palabras entre las que hay 3 propias y específicas del español del país en el que se desarrolla la acción. Márcalas y a continuación escribe una frase utilizando cada una de ellas.

mesa, platicar, comprar, ventana, ajonjolí, realidad, chamaco, autobús, desierto

1. ....
2. ....
3. ....

7. De las cuatro imágenes que tienes a continuación, ¿cuáles asocias con el país en el que se desarrolla la acción? ¿A qué países asocias las otras imágenes? Comenta tu elección con tus compañeros.

8. Teniendo en cuenta que la historia se desarrolla en ese país, ¿qué palabras crees que pueden aparecer en el texto y que son propias del español de ahí? Anótalas a continuación y comprueba después de la lectura si estabas o no en lo cierto.

	sí	no
1.	☐	☐
2.	☐	☐
3.	☐	☐
4.	☐	☐
5.	☐	☐
6.	☐	☐
7.	☐	☐
8.	☐	☐
9.	☐	☐
10.	☐	☐

9. En nuestras relaciones amorosas solemos emplear con nuestra pareja palabras que toman un sentido especial en ese contexto y que en cada lengua son diferentes. ¿Cuál sería el equivalente en español de las palabras que se usan en tu lengua? ¿Conoces otras palabras utilizadas en otras lenguas? Habla del tema con tus compañeros.

1

colonia: el barrio.

La vio caminando frente al parque de la **colonia**. La vio y no supo qué hacer. La vio y no supo qué decir. La vio y se quedó sin palabras. Su única reacción fue correr y correr, alejándose de aquel lugar sin voltear la mirada, sin descansar ni siquiera un instante.

cuadra: conjunto de casas organizadas. Se conoce también como manzana.

Corrió y corrió hasta que llegó a la pequeña tienda que estaba a cinco **cuadras** más adelante de aquel parque.

Llegó a aquel lugar casi sin aliento, sudando. Se sentó a un lado de las escaleras de la entrada para recuperarse de la huida, para recuperarse de la emoción.

No sabía qué le pasaba. No sabía por qué se ponía así. Sólo tenía claro que cuando la veía, sentía una fuerte sensación en el estómago. Esta sensación que le subía y le bajaba como un **yo-yo** y que le impedía hablar.

yo-yo: juguete para niños con una rueda que sube y baja por un cordel atado al dedo.

Y eso era en verdad muy raro porque Sergio, o "Checo", como cariñosamente le llamaban sus amigos de la cuadra, no era precisamente un niño tímido o callado. Al contrario, Checo siempre hablaba y hablaba.

chistosito: que hace bromas.

Era lo que se podría decir, el **chistosito** del grupo, el payasito del salón.

a flor de labios: siempre lista, preparada.

atinado: acertado.

Checo siempre tenía una broma **a flor de labios**, un chiste, un apodo para alguien, un comentario sarcástico y **atinado**... pero en esos momentos, literalmente, las palabras no existían en él.

— ¿Qué te pasa muchacho? —se escuchó de repente una voz detrás de él que le hablaba.

¿Qué tienes? ¡Estás blanco como una vela! ¡Parece que has visto al diablo! —esa voz que Checo había escuchado a su espalda, era la de don Fernando Treviño Garza, el dueño de la tienda "La Michoacana" y quien en esos momentos, estaba parado junto al **mostrador** de la misma.

mostrador: mesa donde se atiende a los clientes.

Don Fernando, o don Nando como cariñosamente le llamaban los vecinos, era un hombre muy popular y querido en la colonia. Su tienda, desde hacía ya muchos años, era el punto de reunión de la gente común del lugar: desde las amas de casa, los obreros, estudiantes y niños, hasta los vagabundos, los borrachos e incluso, la gente que llegaba de fuera. Era lo que se dice, el lugar de referencia para todo y para todos.

bronca: pelea.

a unos pasitos de: cerca de...

Todo pasaba alrededor de la tienda de don Nando: ¿un asalto? —sí, a dos cuadras de la tienda de don Nando... ¿una **bronca**? —cerquita de la tienda de don Nando... ¿un encuentro? —**a unos pasitos de** la tienda de don Nando... Todo ocurría cerca de la tienda de don Nando...

(saber) santo y seña: saber todo a detalle.

mandado: la despensa; las compras para preparar la comida.

las nuevas: noticias recientes.

mal de amores: problemas sentimentales, de desamor.

farándula: los espectáculos. El cine, teatro, televisión...

(ser) el ajonjolí de todos los moles: ser una persona que sabe de todo, que participa en todo, que está en todos lados.

güero: rubio.

acicalarse: arreglarse.

Obviamente, como dueño de aquel tipo de establecimiento, don Nando sabía **santo y seña** de todo lo que ocurría por ahí, y eso era porque cada vez que acudía un cliente a comprar su **mandado**, éste generalmente contaba **las nuevas** que ocurrían en ese momento en el vecindario.

De manera obvia, también don Nando participaba casi siempre –por no decir siempre–, en toda conversación que ocurría en "La Michoacana" –"...pero sin querer", como él decía. Y generalmente, terminaba dando un consejo, un comentario o la solución contundente a un posible problema de trabajo, familiar, de amistad o incluso de **mal de amores**.

Don Nando era un "experto" en política, en economía, en la **farándula** y en los deportes; sabía desde los más "preciados secretos" de la cocina y de la repostería hasta de mecánica y de ingeniería. Hacía sugerencias, daba respuestas e ideas, compartía remedios para cualquier enfermedad –aunque muchas veces los inventaba–, compartía sus experiencias y se ponía como modelo de todos los casos. Él se decía **ser el "ajonjolí de todos los moles"**... y se reía a carcajadas cada vez que decía esto.

Don Nando era del norte de México, era de Monterrey. Como buen norteño, él era alto, muy alto, fornido, **güero** y de ojos azules. Tenía un bigote grande, espeso y negro como brocha de pintor, el cual se **acicalaba** todo el tiempo mientras hablaba. Tenía además unas patillas tan largas que casi se le juntaban con la sonrisa.

Don Nando usaba siempre sus clásicas camisas a cuadros de color rojo o azul y unos pantalones vaque-

desgastados: viejos, muy usados.

boleadas: lustradas, limpias.

Pedro Infante: actor y cantante mexicano. Máximo ídolo durante los años 50 hasta la actualidad.

regios: regiomontanos. Personas originarias de la ciudad de Monterrey, México.

enton's... : contracción de "entonces".
chamaco: muchacho, joven, niño.
pos: contracción de "pues".

ros **desgastados** que sostenía con un ancho cinturón con hebilla de plata en forma de cabeza de caballo. En su cinturón, al lado derecho, se podía ver colgada su vieja navaja suiza dentro de su funda de piel color negro —la cual hacía juego con sus también viejas botas negras perfectamente **boleadas**—.

Con todo, se podría decir que el estilo para vestir de don Nando era peculiar: una mezcla extraña entre el John Wayne norteamericano y el **Pedro Infante** mexicano.

Don Nando tenía casi sesenta años y mostraba frecuentemente la sabiduría de un hombre de cien y el entusiasmo de un niño de doce. Él era viudo. Su tienda, "La Michoacana", se llamaba así para recordar a su esposa muerta, quien era precisamente del Estado de Michoacán.

Don Nando era un hombre generalmente muy alegre; rara vez estaba realmente enojado, serio o triste. Tenía siempre una sonrisa para todos y era un hombre bueno que la gente en la colonia respetaba y quería mucho. Su voz era fuerte pero amable, con el acento característico de los **regios**.

Y precisamente con ese acento tan peculiar le insistió a Checo:

– ¿**Enton´s** qué **chamaco**? ¿**Pos** qué te pasó? –y se alejó del mostrador para dirigirse a Checo y sentarse con él en las escaleras.

– ¿Vas a decirme qué te pasó?

tendero: dependiente o responsable de una tienda de alimentación.

Checo estaba sorprendido por la insistencia del **tendero**. Sintió por un momento que tenía en la frente un letrero en donde se podía leer lo que pensaba, lo que sentía. Y no era raro eso porque a veces, parecía que don Nando tenía algo de adivino, pues reconocía un problema con sólo ver a la gente.

– ¿Enton's? ¿Te comieron la lengua los ratones? – volvió a insistir.

– Este... eeh... no, no. –respondió Checo tímidamente.

– ¿Cómo que no?

– Bueno, sí pero...

– ¿En qué quedamos pues? ¿Es o no es?

– Pues sí pero... ¿cómo le digo? Es que a veces... Usted ya sabe... las cosas no son como... ¡y las personas quieren!... pero... y bueno... eh... y entonces... mmmm...

cantinflear: de Cantinflas. Decir cosas sin sentido. Decir mucho sin decir nada.

ir al grano: ser directo, decir algo sin rodeos.

– ¡Bueno, bueno! ¡Deja ya de **cantinflear** muchacho! ¡**Ve al grano**!

– Es que hay una niña que...

– ¡Una mujer! ¡Lo sabía yo! ¡Qué más si no una mujer! –exclamó don Nando tan fuerte que por poco Checo se cae de las escaleras del miedo.

– ¡Dime quién es! ¡Cuéntame cómo es! ¿Es bonita? ¿Dónde vive? ¡Anda! ¡Habla, muchacho! ¡Habla ya! ¡No te quedes callado!

no comer ansias: no desesperarse.

– Tranquilícese don Nando, tranquilícese. ¡**No coma ansias**! Le voy a contar pero no se ponga así. ¡Déjeme siquiera respirar!

disparar: invitar, comprar algo a alguien.
no tener en qué caerse muerto: no tener nada de dinero.
bolsas: bolsillos.
no traer ni un clavo: no traer nada de dinero.
tener un hambre que parecen dos: tener mucha hambre.
ver burro y se te antoja viaje: aprovechar la oportunidad de algo.
¡ándale!: expresión que se usa para apresurar una acción.
codo: tacaño.
refri: refrigerador.
...la que te trae cacheteando la banqueta: la persona que hace que estés distraído.
chava: chica, muchacha.
quinceañera: joven que, al cumplir 15 años, deja la etapa de la niñez y entra a la juventud. Este acontecimiento lo celebran en familia con una ceremonia religiosa, una fiesta y un baile: la joven es "presentada en la sociedad" como una joven adolescente.

– Sí, sí, claro, te dejo respirar... ¡faltaba más! Este... a ver, ¿no se te antoja un refresquito? Digo..., se ve que tienes la boca seca. ¿No quieres uno? –preguntó don Nando con cierto aire de complicidad.

– ¿Un refresco? ¿Usted lo **dispara**? Porque lo que soy yo... ¡**no tengo ni en qué caerme muerto**! –dijo Checo metiéndose las manos en las **bolsas** de su pantalón y sacándoselas en señal de que no traía nada de dinero.

– ¡Por supuesto que te lo invito, chamaco! ¡Si tú **nunca traes ni un clavo**! No es ni la primera ni la última vez.

– ¿Y qué tal unas galletitas? ¡Mire usted **que traigo un hambre que parecen dos**!

– ¡Ay, ay, ay! ¡**Ves burro y se te antoja viaje**! ¡**Ándale** pues! Ten estas galletas. Pero no pidas más, ¿eh?

– ¡No sea **codo** don Nando! ¡No sea usted así! Deme de aquellas, las que están a un lado del **refri**, las de chocolate, esas que son más ricas...

– Ya, ya, ya... ¡Tómalas y cómetelas! Y ahora, dime, dime por qué estás así. Dime quién es **la que te trae cacheteando la banqueta**.

– Pues mire, ella se llama Xóchitl Reyes. Ella es una **chava** muy bonita que estudia en la misma secundaria que yo. Xóchitl tiene catorce años y dentro de tres meses va a cumplir quince…

– ¿Quince primaveras? ¿Una **quinceañera**? ¡Bendita juventud! –interrumpió don Nando.

– Sí, así es, va a cumplir quince años y hasta donde yo sé, quiere irse de vacaciones con sus papás a Cancún para celebrar ahí su cumpleaños.

chambelanes: jóvenes que bailan con la quinceañera.

ni qué ocho cuartos: expresión que denota incredulidad.

comer gallo: estar muy enojado.

chino: rizado.
padre: expresión usada para decir que algo es muy bueno o bonito.

(ser) muy matado(a): obsesionado(a).

ser a todo dar: ser una persona buena, agradable, simpática.

– ¿Cómo que un viaje? ¡Si son sus quince años! ¡Una fecha importantísima para las jovencitas! ¿Que no va a tener fiesta ni misa? ¿Que no va a tener vals ni **chambelanes**? ¡Ay, ay, ay! ¡Cómo cambian los tiempos! En mi época, cuando una jovencita cumplía quince años, era una gran celebración para ella y para toda su familia... pero ahora, ya no quieren celebrar. Quieren viajes a la playa, al extranjero, fiestas en discotecas y tonterías de esas. ¡Ya nada es como antes!

– Pero don Nando, eso ya no se usa. Eso era antes, ahora es diferente.

– ¡Qué diferente **ni qué ocho cuartos**! Las tradiciones son las tradiciones. Eso nunca debe cambiar. –replicó el hombre casi molesto.

– Ay, don Nando, se ve que usted está fuera de moda. Pero bueno, ¿me va a dejar seguir? ¿Quiere que le cuente o no?

– Sí, sí, continúa... no pares. ¡Qué genio! **Comiste gallo**, ¿verdad?

– No, para nada, don Nando, para nada. Y bueno, le sigo contando: Xóchitl es bajita y tiene los ojos grandes y de color café clarito, como la miel. Su cabello es largo y **chino**. Y tiene una sonrisa muy bonita, muy **padre**. Ella es muy alegre y está todo el tiempo riéndose con sus amigas. Sus amigos dicen que es una muy buena estudiante pero que sabe divertirse mucho también. Eso es lo que me gusta de ella, que no es **muy matada** para los estudios y que siempre tiene buenas calificaciones. A Xóchitl le gusta la música y le gusta bailar. ¡Ella **es a todo dar**!

codazo: golpe con el codo.

¡órale!: expresión de sorpresa. A veces se usa para apresurar una acción.
¡no se mande!: (no te mandes). No ser irrespetuoso, no pasar los límites.
¡párele!: deténgase, no siga.

colectivas: medio de transporte en donde viajan entre 8 y 10 personas. No son autobuses.
de volada: rápidamente.
no decir ni pío: no decir nada.

– ¿Y te gusta, verdad? –interrumpió don Nando guiñando el ojo derecho y dándole un **codazo** a Checo.

– ¡**Órale** don Nando! ¡**No se mande**, no se mande! –protestó Checo. –Si sigue así, no le sigo contando, ¿eh?

– ¡Aaah no! ¡Tú no te vas de aquí hasta terminar! –advirtió don Nando.

– ¡Pues entonces ya **párele**!, si no... esto va a ser cuento de nunca acabar.

– Ya, ya, continúa pues.

– Xóchitl todos los días sale muy temprano de su casa para ir a la escuela. Siempre camina con su hermano por el parque hasta llegar justo a la esquina de mi casa porque ahí está la parada de las **colectivas**. Cuando veo que su hermano se sube a su colectiva, **de volada** bajo a la parada para ponerme cerca de ella a esperar la nuestra. Me paro junto a ella pero sin hablar. A veces ella me mira y se ríe conmigo. Yo nunca puedo **decir ni pío** porque me siento muy nervioso a su lado... le sonrío también y eso es todo.

– ¿¿¿Y??? ¿Y no le has hablado nunca? ¿No le has dicho nada?

– ¿Cómo cree, don Nando? ¿No le digo que cada vez que la veo se me hace un nudo en la garganta y no puedo ni decir ni pío? ¡Que la veo y nada más me tiemblan las piernas y nada me sale! ¡Nadita me sale!

A medida que Checo iba contando sus desventuras de amor juvenil, el rostro de don Nando se iba transformando progresivamente: de la curiosidad del inicio pasó a la emoción; y de la emoción a la nostalgia. Nostalgia por un lado, por la historia que Checo contaba, por su amor juvenil hasta ahora imposible... pero por el otro, por la nostalgia de su propia historia, de su propio amor...

michoacano(a): gentilicio de los nacidos en Michoacán, un estado de México.

La imagen que don Nando empezaba a recordar en esos momentos, pertenecía a otra joven muy diferente a la de la historia de Checo: esta imagen era de Rosa, de Rosita, su novia de juventud, una hermosa **michoacana** a quien él había conocido hacía años atrás durante un viaje al pueblo de Pátzcuaro, en el suroeste de México. Y fue precisamente hacia Pátzcuaro, que la mente de don Nando empezó su viaje.

2

Era un martes treinta y uno de octubre de mil novecientos setenta y dos. Por esas fechas, don Nando –o Nando, como lo llamaban sus amigos y compañeros de la universidad– estaba tomando unas largas vacaciones en compañía de sus tres amigos más cercanos. Estas vacaciones eran una forma de celebrar su reciente graduación como ingenieros agrónomos de la Universidad de Monterrey. Después de estudiar por más de seis años, querían aprovechar este tiempo para conocer el país, y, tal vez, para encontrar **a una que otra** jovencita **de no malos bigotes** por el camino. Después de recorrer varias ciudades del norte de México, el grupo tenía el propósito de llegar hasta el estado de Michoacán y de quedarse en el pueblo de Pátzcuaro para ver ahí las populares celebraciones del Día de Muertos que en breve se llevarían a cabo.

Eran aproximadamente a las seis de la tarde de ese martes cuando los cuatro *norteños* llegaron finalmente a la estación de autobuses de Pátzcuaro.

Después de caminar durante algunos minutos por el pueblo, se encontraron de repente en medio de la plaza principal, rodeados de una multitud que iba de un lado a otro como hormigas en un hormiguero. A

una que otra: alguna.
de no malos bigotes: guapa.

fritangas: comida que se vende en las calles y en cuya preparación se usa el aceite para freír.
pan de muerto: pan dulce y adornado con trozos en forma de huesos y lágrimas.

caérseles la baba: estar impresionados.

forasteros: extraños, que vienen de otros lugares.
sin decir agua va: sin dar advertencia alguna.
lugareñas: las personas que pertenecen a un pueblo o ciudad específica.
comer con los ojos: mirar con mucha insistencia a una persona.
abrupta: súbita, brusca.

esa hora, casi todos estaban ahí para dar inicio a la celebración del Día de Muertos y para pasar el resto de la tarde entre luces de colores, adornos de la ocasión, puestos de **fritangas**, de dulces, de **pan de muerto** y por supuesto, de la música que ofrecía en el kiosco la banda municipal. Todo este espectáculo dejó maravillados a los recién llegados. Sin embargo, al adentrarse aún más en la plaza, el verdadero embelesamiento no fue causado precisamente por la fiesta o por la arquitectura de los edificios que rodeaban el lugar. No, el hechizo en el cual habían caído, era causado por la cantidad de hermosas chicas que en esos momentos se paseaban por el lugar. A los cuatro, sin excepción, literalmente se les salían los ojos y **se les caía la baba** ante aquel espectáculo tan maravilloso.

Los cuatro afortunados viajeros literalmente explotaban de alegría al darse cuenta de que muchas de esas chicas les sonreían tímidamente cuando se daban cuenta de las miradas insistentes de los jóvenes **forasteros**. Por ello, y **sin decir agua va**, los amigos de Nando se alejaron de su "punto de observación" cuando descubrieron a tres encantadoras **lugareñas** que les sonreían sin parar al darse cuenta de cómo ellos, literalmente, **se las comían con los ojos**. Esa actitud de franco coqueteo por parte de ellas, animó a los amigos de Nando a iniciar una conversación. Conversación que minutos más tarde, terminaría de una manera **abrupta** debido a la llegada inesperada de los novios celosos de aquellas tres chicas que, evidentemente, no se distinguían en el pueblo por su fidelidad.

De esa manera, Nando se encontró en un momento en medio del parque sin la compañía de sus amigos de viaje. Empezó entonces a buscarlos de manera inmediata.

canijos: aquí, personas que hacen cosas indebidas.

echar los perros: tratar de conquistar a alguien.

fulano(a): manera despectiva de llamar a una persona a quien no se conoce.

jala más una falda que una yunta de bueyes: expresión para decir que ante una mujer no hay razones que valgan.

a todas luces: de manera evidente.

– ¡Estos **canijos!** De seguro deben estar **echándole los perros** a alguna **fulana** de por acá. ¡Si bien dicen que **jala más una falda que una yunta de bueyes!** ¡Pero ahora que los encuentre van a saber quién soy!

En eso estaba cuando de repente y de manera muy sutil, le llegó a Nando un aroma muy especial, un aroma fino y dulce, que de inmediato le hizo olvidar su frenética búsqueda y su enojo. Volteó entonces su mirada a donde él creía que venía el aroma. Se encontró así a su espalda, a escasos centímetros de él, una hermosa y rizada cabellera castaña que sin duda alguna, era la más bella que sus ojos habían visto jamás. Esa cabellera que coronaba un cuerpo diminuto y esbelto, pertenecía a una mujer que, en ese instante, platicaba de manera no muy animada con un joven que, **a todas luces**, parecía ser su novio o al menos, su pretendiente. A Nando eso poco o nada le importó. La curiosidad de conocer la cara de aquella joven que lo había atraído por su perfume lo animó a seguir. Sin pensarlo, de manera casi automática, tocó el hombro de la chica y tímidamente preguntó:

– Disculpa, este... eh... ¿sabes dónde queda la Posada de los Poetas?

La joven volteó la cabeza al sentir una mano posarse en su hombro; levantó la vista y se encontró ante la figura atractiva de Nando, quien en esos momentos no paraba de mirarla con sus característicos ojos claros y profundos. De inmediato, la chica sintió una fuerte descarga que recorrió su cuerpo y que le impidió hablar. Una mezcla extraña de curiosidad y de nerviosismo la invadió por completo impidiéndole apartar la mirada del extraño que la había interrumpido en su conversación. Ambos tenían la mirada fija puesta en el otro. Mínimo instante que pareció para ellos una eternidad. Una especie de sensación de certeza inundó el ambiente; parecía que ese encuentro ya había marcado la vida presente y futura de ambos.

La jovencita de quien Nando había quedado prendado era Rosa Segura Luján, hija menor de don Emilio Segura, el doctor del pueblo y de doña Mirta Luján, dependienta de la única **botica** existente en el lugar.

botica: tienda. En España, hace años, farmacia.

Rosa o Rosita, como cariñosamente la llamaban sus familiares y amigos, era una chica de veinte años que estudiaba el segundo año de la licenciatura en Administración en la Universidad Autónoma de Michoacán. Era una joven estudiosa, seria, tranquila. Era de estatura media, con una **piel apiñonada** que hacía perfecto juego con sus dos características físicas más evidentes: sus enormes ojos negros como la noche y su rizado cabello castaño que parecía moverse en perfecta sincronía con el viento cuando ésta caminaba por los alrededores del lugar. Características que eran el deleite del enorme séquito de admiradores locales que parecían **amontonarse** alrededor de ella como abejas a las flores. Sin embargo, ella nunca **daba pie** a nadie.

piel apiñonada: piel de color bronceado, morena clara.

amontonarse: juntarse, acumularse.
dar pie a alguien: permitir que otra persona haga algo.

A Rosita tan sólo se la veía acompañada con cierta frecuencia de Darío Gómez Junco, el hijo menor de don Luis Gómez Urbina, uno de los hombres más ricos no sólo de Pátzcuaro sino de toda la región. Ella accedía a la compañía de Darío no por deseo propio sino por petición de sus padres, quienes **veían con buenos ojos** una posible relación futura entre ambos. Pero para ella, la presencia de Darío no era muy agradable y trataba de **postergar** en todo momento cualquier conversación relacionada con un posible noviazgo. Por tal motivo, el propio Darío, además de gozar de

ver con buenos ojos: ver con agrado, con simpatía.

postergar: posponer, dejar para después.

Sin embargo, el encuentro fortuito de esa tarde entre Nando y Rosita, cambiaría dramáticamente lo que todos en el pueblo daban por un hecho.

de buena cuna: de buena familia.

enamorado: pretendiente.

familia de bien: buena familia, familia con buenos principios.

fortuito: casual.

la fama y el prestigio de ser un hijo **de buena cuna**, también era conocido en el pueblo como "el eterno **enamorado**" de Rosita. Esta pretensión la había iniciado desde que ésta tenía tan sólo trece años. Y si bien Darío era diez años mayor que ella, todo el mundo aseguraba que, llegado el momento, ambos se casarían y formarían una **familia de bien**, como muchas de las familias que en el pueblo existían.

Sin embargo, el encuentro **fortuito** de esa tarde entre Nando y Rosita, cambiaría dramáticamente lo que todos en el pueblo daban por un hecho.

Nando y Rosita seguían con la mirada puesta uno sobre el otro, ajenos a lo que pasaba a su alrededor. Como un simple espectador de la escena, relegado, quedó Darío, el acompañante de la joven, quien ya molesto, ya por la situación, interrumpió diciendo con voz cortante:

– Amigo, aquí no hay ninguna posada de ese nombre. ¿Por qué no regresa por donde vino a ver si lo encuentra en otro pueblo? Aquí no creo que encuentre nada.

Nando, sin dejar de mirar a Rosita, contestó con su clásico acento norteño:

se me hace que...: creo que, pienso que...

¿que no?: expresión para decir: ¿no se da cuenta?

fureños: que vienen de fuera.

– No crea amigo, no crea; pos **se me hace que** ya la encontré, creo que ya sé dónde está.

– Pues ya es tarde, **¿que no?** Si ya sabe dónde está la posada esa, pues... yo creo que tiene que irse ya porque aquí de noche, es muy inseguro. No queremos que los **fureños** como usted tengan problemas. –y diciendo esto, Darío tomó del brazo a Rosita en franca señal de desafío.

– ¿Y usted qué piensa señorita? –respondió Nando de manera pausada sin quitar la vista de Rosita y sin tomar en cuenta aquellas palabras.

Rosita, presintiendo lo peor, no dijo absolutamente nada. Tan sólo se limitó a bajar la mirada y a guardar silencio.

jalar: tirar para atraer o arrastrar.

A punto estaba Nando de insistir cuando, de manera inesperada, sus tres amigos aparecieron como un tornado gritando y **jalándolo** hacia ellos:

re: muy.
tarugo: tonto.
manito: amigo, amiguito.

– ¡Vámonos, Nando! ¡Vámonos! Que la cosa se puso **re**-fea! ¡Corre! ¡Anda, **tarugo**! ¿Que no te das cuenta? ¡Ándale, **manito**!

Nando ya no supo qué pasó. Cuando se dio cuenta, ya estaba corriendo en medio de sus amigos hacia la salida del parque sin explicación alguna. Cuando reaccionó, estaba ya dentro de la Casa de Huéspedes "doña Chonita", la casa de huéspedes más antigua del lugar. Instantes después y estando ya instalados en una habitación, los cuatro amigos se contaban entre carcajada y carcajada la desventurada experiencia que habían tenido unas horas atrás.

bajarle la novia: quitarle la novia a alguien.
atrabancado: impulsivo, incauto.

– ¡Eso les pasa por burros! Miren que quererles **bajar las novias** a cualquiera… ¡Eso se merecen y más por **atrabancados**! –parecía Nando regañar a sus amigos sin dejar de reír ni un momento.

PÁRATE UN MOMENTO

DESPUÉS DE LEER...

1. En el texto que has leído hasta ahora han aparecido una serie de palabras típicamente mexicanas. ¿Recuerdas su significado? Relaciona las dos columnas.

<table>
<tr><td>colonia</td><td>a •</td><td></td><td>• 1</td><td>chica, muchacha, joven</td></tr>
<tr><td>mandado</td><td>b •</td><td></td><td>• 2</td><td>rizado</td></tr>
<tr><td>güero</td><td>c •</td><td></td><td>• 3</td><td>invitar</td></tr>
<tr><td>boleado</td><td>d •</td><td></td><td>• 4</td><td>compras</td></tr>
<tr><td>chamaco</td><td>e •</td><td></td><td>• 5</td><td>muchacho, joven, chico</td></tr>
<tr><td>disparar</td><td>f •</td><td></td><td>• 6</td><td>barrio</td></tr>
<tr><td>chava</td><td>g •</td><td></td><td>• 7</td><td>rubio</td></tr>
<tr><td>chino</td><td>h •</td><td></td><td>• 8</td><td>muy limpio, lustroso</td></tr>
</table>

2. En el texto aparece el nombre de los nacidos en la ciudad de Monterrey. Ahora vamos a saber un poco más sobre los gentilicios de diferentes ciudades de México. ¿Cómo crees que se llaman los habitantes de las siguientes ciudades?

Puebla	....	Guadalajara	....
México DF	....	Guanajuato	....
Oaxaca	....	Toluca	....
Monterrey	....	Colima	....
Chihuahua	....	Durango	....

3. Todos solemos recordar, aunque sea de forma idealizada, lo que llamamos nuestro primer amor. Describe a la persona de la que te enamoraste por primera vez y, a continuación, si no se trata de la misma persona, describe a la persona con la que compartes emocionalmente tu vida en la actualidad. No te limites a rasgos físicos. ¿Qué comparten y en qué se diferencian esas dos personas?

Antes	Ahora

4. Sergio, Checo, el protagonista, parece haberse enamorado locamente. ¿Crees que existe "el amor a primera vista"? ¿Conoces alguna historia parecida? Coméntasela a tus compañeros.

5. A continuación tienes una serie de frases hechas, de expresiones, que han aparecido en el texto. ¿Qué significado tienen? Escribe una frase utilizando cada una de esas expresiones y después reescribe la frase haciendo desaparecer la expresión y diciendo lo mismo con otras palabras.

Expresiones	Significado
A flor de labios	....
A unos pasitos de …	....
Ser ajonjolí de todos los moles	....
No traer ni un clavo	....
Comer gallo	....
Echar los perros a alguien	....

a) ....

b) ....

c) ....

d) ....

e) ....

f) ....

Aa) ....

Bb) ....

Cc) ....

Dd) ....

Ee) ....

Ff) ....

6. En el texto aparecen referencias a dos personajes mexicanos famosos: Pedro Infante, cantante, y Cantinflas, actor. ¿Qué sabes de cada uno de ellos? Busca información y ponla en común con tus compañeros. Después, con todo lo recogido podéis hacer un cartel y colgarlo en la clase.

¿A qué otras personas famosas de México, vivas o ya fallecidas, conoces? Haz una lista y compárala con las de tus compañeros.

....

....

7. De todas las personas famosas que has recogido en la pregunta anterior, escoge una y haz una pequeña nota biográfica.

....

....

....

....

8. Hasta ahora seguro que tienes una idea formada de Sergio y don Nando. Anota en estas dos columnas los adjetivos que crees que los describen:

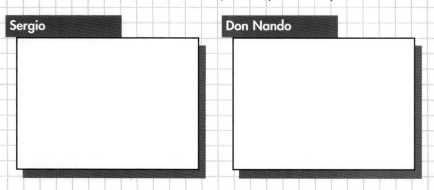

Sergio

Don Nando

9. Parece que son dos las historias que se nos van a contar: la de Sergio y la de don Nando. ¿Crees que han cambiado mucho las relaciones de pareja entre tu generación y la de tus padres? ¿Y entre la de tus padres y la de tus abuelos? Coloca en cada una de estas columnas aquellos rasgos que creas que diferencian a una y otra generación en lo que a las relaciones de pareja se refiere.

Mi generación	La generación de mis padres	La generación de mis abuelos
....	....	....
....	....	....
....	....	....
....	....	....
....	....	....

Comenta con tus compañeros lo que habéis escrito.

10. ¿Cómo esperas que se desarrolle la acción? ¿Qué crees que pasará en la historia? Anota tus ideas y compáralas al final con las del autor de *Con amor y con palabras*.

3

calentada: paliza, golpes.
altar de muertos: mesa en donde se honra a los muertos en México. En ella se colocan **calaveritas de azúcar** (dulces típicos con la forma de un cráneo humano), **alfeñiques** (dulces de azúcar en forma de animales), fruta y la comida favorita de la persona muerta. Se adorna con **papel picado** (papel de colores que, cortado, crea figuras alusivas a la muerte).
La Catrina: hombre o mujer de clase social alta que viste de manera elegante, en forma de esqueletos o muertos "bien vestidos".
Tzenpatzuchil: flor de color amarillo intenso que se usa para el Día de Muertos en México.

Durante los siguientes días, además de dormitorio para todos, la casa de huéspedes "doña Chonita" sirvió a los amigos de Nando de refugio para liberarse del enojo de los tres michoacanos ofendidos y, por supuesto, para liberarse de la **calentadita** que de seguro querían propinarles éstos por tan osada actitud. Esta situación a todas luces embarazosa, permitió a Nando salir al pueblo sin la molesta y problemática compañía de sus amigos.

Nando aprovechó entonces para visitar los **altares de muertos** que el gobierno local había colocado en el parque para los turistas y los habitantes locales. **Calaveritas de azúcar** y de chocolate, pan de muerto, **alfeñiques**, esqueletos y fruta de la estación eran parte de la decoración de los altares. Por supuesto que el **papel picado** con diversas figuras de "**La Catrina**" y otras "muertes" daba el colorido tradicional de la temporada. Pero lo que más sentido daba a la celebración, era el característico color amarillo de las flores de **Tzenpatzuchil** y su penetrante olor a nostalgia, a tristeza, a recuerdo. Recuerdo por todos aquellos que se habían ido y que, en esos días, tendrían la oportunidad de "estar nuevamente entre los vivos": en forma

copal: incienso usado desde los aztecas.

de altares, en forma de **copal** encendido, en forma de fotografía, en forma de objetos personales para ser vistos por los familiares, etc.

Ese día primero de noviembre, además de visitar los altares, Nando aprovechó la oportunidad para buscar y tratar de encontrar nuevamente a la joven que lo había cautivado de manera tan profunda. Caminaba por el parque, iba por las diferentes iglesias, paseaba por el mercado municipal... nada. No podía dar con ella. Parecía que la tierra se la había comido.

abarrotar: llenar.
cola: fila de personas.

veladoras: velas que se colocan en bases de cristal.

dar una manita de gato: hacer arreglos más o menos superficiales.

Llegó entonces al panteón municipal. Un río de gente ya **abarrotaba** el lugar. Hombres, mujeres y niños, hacían una **cola** interminable para entrar y salir. Todos entre sus brazos, llevaban ramos de flores de Tzenpatzuchil –o flores de muerto como también se conocen–, velas y **veladoras**, utensilios para limpiar las tumbas, pintura, jabón, escobas, trapeadores. Todos iban con el mismo objetivo: honrar a sus "muertitos" limpiándoles sus tumbas, dándoles una **manita de gato**, colocándoles las flores y las veladoras, pasando tiempo con ellos, para recordar al padre fallecido, a la madre, al hijo, al hermano, al tío... a todos los que se habían "adelantado en el viaje al más allá".

difunto: muerto.
mole: salsa base de la comida mexicana hecha con una gran variedad de chiles, plátanos y chocolate.
animosas: alegres.
pudientes: personas con dinero.

Muchas familias incluso, llevaban comida al panteón para poder comer en compañía del **difunto**, para contarles, entre un plato de **mole** con arroz blanco, las penas de la familia, las alegrías, las preocupaciones. Otras familias más **animosas**, llevaban música al lugar: los más **pudientes** llevaban mariachis, conjuntos norteños, tríos; los que no, se conformaban con llevar una grabadora con casetes o discos compactos del cantante o la cantante favoritos del pariente muerto. Todo este marco servía para exaltar el culto a la muerte de la gente. Con miedo, pero a la vez con cierta "familiaridad", con respeto a ella pero al mismo tiempo comiéndosela literalmente en forma de dulce, de pan.

Nando estaba maravillado ante ese desfile de figuras, colores, formas, olores y sonidos. Su cámara trataba de capturar el mayor número de imágenes posibles siguiendo la velocidad del dedo índice de su dueño. Un rollo, dos, tres... todos no eran suficientes para semejante espectáculo cultural. En pleno frenesí estaba detrás de su cámara cuando el último rollo que traía se terminó.

¡chin!: expresión de disgusto.
¡ni modo!: expresión de resignación ante un evento.

– ¡Chin! ¡Se tenía que acabar el rollo justo ahora! ¡Ni modo! Tendré que ir a comprar otros más.

De repente, mientras colocaba el nuevo rollo, vio a lo lejos, con alegría inmensa, la figura de Rosita acercándose hacia donde él estaba. En ese momento Nando sintió que el sol iluminaba con mayor intensidad el día, vio fascinado su andar y quedó nuevamente maravillado de cómo su cabello rizado se movía caprichosamente por la suave brisa. Mientras más se acercaba ella, su corazón empezaba a latir a más de mil por hora.

Pero Rosita no se daba cuenta de eso: venía un tanto distraída, pensando en las miles de cosas que necesitaba hacer para ese fin de semana. De pronto, aquella chica de enormes ojos oscuros como la noche, sintió una fuerte mirada que se aferraba a ella. Levantó instintivamente la cabeza y lo vio, vio a Nando. Nuevamente una especie de hechizo hizo presa de los dos. Ahí estaban frente a frente. Nadie se atrevía a decir palabra alguna. Parecía que tenían miedo de romper el encanto del momento.

– ¡Hola! ¿Cómo estás? Eh... me... ¿me recuerdas? –dijo Nando con una voz vacilante al atreverse a dar el primer paso.

Como respuesta, Rosita sólo bajó la mirada, **encogió los hombros** y mostró una leve sonrisa. La respuesta de Rosita le dio entonces a Nando una inesperada seguridad, con la cual empezó a hablarle de una manera más contundente y con la picardía tan habitual en él.

– ¡Sí! Sí que me recuerdas, ¿verdad? –y le guiñó el ojo con aire de complicidad.

A partir de ese momento, iniciaron una conversación que duró horas. Empezaron hablando sobre el "accidentado" encuentro que habían tenido en la plaza, sobre la manera en que Darío reaccionó a la "impertinencia" de Nando, sobre el turbulento "secuestro" de sus amigos, sobre la actitud "ligera" de aquellas chicas y por supuesto, sobre el ataque de celos de sus novios. Todo era motivo de risa para los dos.

Esta primera conversación fue interrumpida súbitamente por las campanas de la Catedral, que le hicieron recordar a Rosita que tenía que estar ya en casa para no preocupar a sus padres.

– ¡Me voy, me voy! ¡Es tardísimo! –reaccionó Rosita.

– ¡Espera! No te vayas así... al menos dime que nos veremos, ¿verdad que nos veremos?

– ¡Sí, sí! ¡Pero me tengo que ir ahora!

– ¿Mañana? ¿Aquí mañana? –preguntó Nando casi corriendo detrás de ella.

– Ajá, seguro... pero de verdad me voy, me voy... –alcanzó a decir Rosita, ya sin voltear a ver a Nando.

Esa noche, Rosita, literalmente "voló" a su casa. Mientras corría, iba pensando en sus padres y en la posible molestia por su tardanza.

– ¡Me van a matar! ¡Me van a matar! –repetía a cada momento.

chapado a la antigua: tradicionalista, conservador.
no salirse del huacal: no salirse de los límites.

Por seguro que no la matarían. A pesar de que los padres de Rosita eran un tanto rígidos, **chapados a la antigua** y que daban muchas veces una imagen de severidad y de dureza para que los hijos **no se salieran del huacal**, eran en muchos sentidos generalmente buenos, comprensivos y hasta cierto punto flexibles con todos sus hijos.

Después del susto de su llegada a casa, Rosita se dirigió inmediatamente a su habitación, dejó sus libros a un lado de su puerta y se lanzó sobre su cama. Ya en ella, empezó a pensar sobre el encuentro con Nando, sobre lo agradable de la conversación, sobre lo simpático de sus ocurrencias y de sus chistes. Pero sobre todo, empezó a pensar en lo penetrante de su mirada, en la fuerza de su voz, en su seguridad cuando hablaba, en su autonomía, en su firmeza y en su certeza sobre la vida. Con todo, Rosita estaba segura que Nando proyectaba más que cualquiera de sus actuales pretendientes, incluyendo claro está, a Darío. Si antes de conocer a Nando, Darío no era muy importante para Rosita, después de conocerlo, éste dejó de existir definitivamente para ella.

Era obvio que el primer encuentro entre Nando y Rosita trajo consigo la promesa de varios encuentros posteriores. Ambos se sentían ya atraídos y querían conocerse aún más. Afortunadamente para los dos, después de las celebraciones del Día de Muertos, las fiestas en honor de San Agustín, uno de los santos patronos del lugar, se llevarían a cabo precisamente en ese fin de semana. Con esto, el pueblo de Pátzcuaro siguió de fiesta. Perfecto marco para un nuevo encuentro entre los dos y poder continuar así con la conversación y conocerse cada vez más.

Durante todo el sábado de ese largo fin de semana festivo, ambos se divirtieron desde temprano en la feria que se instaló en la plaza: se subieron a casi todos los juegos mecánicos que había; presenciaron el rito de los **voladores de Papantla**, de las danzas de **los Concheros**; vieron el espectáculo callejero de mimos y payasos; tomaron café, helado, **raspados**; comieron en la fonda de doña Ernestina, etc. Todo lo anterior, entre las bromas de Nando, entre pláticas que iban desde temas serios hasta temas irrelevantes y cómicos. Fue, sin duda alguna, un día perfecto para los dos.

voladores de Papantla; los Concheros: grupos de indígenas que representan tradiciones antiguas como bailes.
raspados: hielo picado cubierto de jarabe dulce de frutas.

chismerío: chismes, rumores.

pueblo chico, infierno grande: refrán; en lugares pequeños donde no pasa nada, las cosas más insignificantes son relevantes, como los chismes.
víboras del pueblo: personas chismosas.
(siempre hay) una mosca en la sopa: para decir que no todo es perfecto.

guiñar: cerrar un ojo.

Como a eso de las siete de la noche, Rosita pidió regresar a casa. Quería ella evitar un posible regaño de sus padres. Muy a su pesar, Nando aceptó la petición de ella. A unos pasos de su casa, Rosita decidió despedirse de Nando. No quería llegar con él hasta allá. No era bien visto para una chica de su edad llegar en compañía de un hombre extraño. Quería evitar el **chismerío** de las vecinas que siempre disfrutaban de crear rumores.

– **Pueblo chico, infierno grande,** ¿verdad? –comentó Nando a manera de expresar su entendimiento y respeto a la decisión de Rosita.

– Ya ves, las **víboras del pueblo** nunca faltan. Siempre hay **una mosca en la sopa**. No falla. –dijo Rosita.

– ¿Mañana? –preguntó Nando con una expectativa evidente.

– Mañana... –respondió Rosita– mañana tengo que pasar el día con mis padres... pero el lunes, después de clases, "tengo que ir a la biblioteca" para investigar sobre un tema "muy difícil y complicado"... no sé, tal vez voy a estar ahí desde las tres hasta las siete de la noche –sonrió Rosita **guiñando** ahora ella el ojo.

– ¿Sabes dónde está la biblioteca? –preguntó Rosita con la confianza de que Nando había entendido el "mensaje".

– Y si no sé dónde está, lo investigo –y empezaron a reír a carcajadas, confirmando así su nueva cita para el lunes. Se despidieron.

El lunes, la cita se llevó a cabo como se había pactado. Nando se encontró con Rosita afuera de la biblioteca. Y no sólo ese lunes sino en días posteriores, más citas, más encuentros se llevaron a cabo: los parques de Pátzcuaro, los atrios de sus iglesias, sus cafeterías y hasta las paradas de autobuses, fueron sus puntos de reunión. De esos encuentros, surgió el entendimiento; al entendimiento le siguió la atracción; a la atracción el cariño y al cariño, el amor. Era ya innegable lo que había nacido entre los dos. Ninguno sospechaba que ese sentimiento que empezaban a tener los uniría años más tarde en la felicidad, pero también en la desgracia... pero eso no lo sabían en esos momentos.

4

Los días pasaron y éstos se fueron convirtiendo en semanas. Nando ya tenía casi un mes y medio viviendo en Pátzcuaro y sus ahorros poco a poco se estaban terminando de manera dramática. Ya no sabía qué hacer, sus amigos se habían ido y él se encontraba aislado. Sólo la compañía de Rosita y la esperanza de tener un noviazgo con ella, lo mantenían en ese lugar a pesar de su precaria situación. Nando quería permanecer en Pátzcuaro el mayor tiempo posible, pero su economía ya casi se lo impedía.

Como pudo, Nando consiguió trabajo aquí y allá, haciendo de todo un poco. No ganaba mucho pero con el poco dinero que tenía ahorrado y con el menos que ganaba, se **daba sus mañas** para invitar a Rosita al menos un café o un helado. Ella agradecía los detalles porque sabía lo que Nando estaba haciendo para mantenerse en el pueblo. Eso la enamoraba aún más. Las cosas entre los dos, iban *lentas pero seguras* hasta que llegaron a ser finalmente novios.

darse sus mañas: ser ingenioso para hacer algo.

Su noviazgo y su situación llegaron así hasta iniciado el mes de diciembre. Para ese entonces, Rosita había ya terminado su semestre en la universidad y esta-

las posadas: fiestas tradicionales mexicanas en donde se representa el peregrinar de José y María antes del nacimiento de Jesús. Son 9 posadas antes de la Navidad y en cada una se rompen las populares piñatas.

carrera: licenciatura.

no son enchiladas: no es fácil.

sacar para la papa: obtener dinero para comprar comida.
lana: dinero.

ba de vacaciones de fin de año. En Pátzcuaro, como en todo México, la gente se preparaba para las fiestas navideñas. Faltaban unos días para el inicio de **las posadas** y por consiguiente para la llegada de la Navidad. Pero antes, llegó el doce de diciembre, el día de la Virgen de Guadalupe. Todo empezó a colorearse de fiestas nuevamente. Nando y Rosita aprovecharon esa ocasión para salir juntos y para hablar además de los planes formales que para esas fechas ya existían entre ambos: Nando estaba dispuesto ya a hablar con los padres de Rosita.

– Pero Nandito, debemos esperar un poco para hablar con mis padres.

– ¿Esperar? ¿Esperar qué?

– ¡Quiero terminar mi **carrera**, Nandito! Solamente eso te pido: tiempo para terminar de estudiar.

– ¿Tiempo para terminar la carrera? ¡Pero si te faltan dos años! ¡Dos años!

– ¡Pero si ya sabes cómo pienso, Nando! Sabes que esto tampoco es fácil para mí.

– Sí, sí, lo sé... sé que esto **no son enchiladas** pero...

– ¡Pero nada! ¡Por favor, Nandito! ¿Me entiendes? ¿Entiendes mi situación? –casi suplicó Rosita.

– ¡Seguro que sí, seguro que sí! Pero... ¡yo no puedo estar aquí permanentemente! Necesito trabajar para **sacar para la papa**, para mantenerte... tengo que regresar a Monterrey porque ahí tengo un trabajo seguro con buena **lana**. Si me voy, va a ser difícil volver cada fin de semana...

– Lo sé, Nando, lo sé perfectamente. –dijo Rosita con cierto aire de tristeza.

– Dime, Rosita, ¿cómo vamos a estar en contacto? –le cuestionó Nando.

– Pues ahora con el teléfono las cosas son más fáciles que antes. Además, existe el correo, siempre existe el correo. Mira, Nando –intentó explicar Rosita– vamos a escribirnos cartas; tenemos que mantener el contacto por correo. Yo pienso escribirte cada día sin excepción. Quiero llegar a casa después de estudiar y escribirte. Prometo escribirte cada día... ¿quieres hacer lo mismo? ¿Vas a escribirme todos los días? ¿Lo prometes? ¡Prométemelo! ¡Anda, Nando, dímelo!

– Lo voy a hacer, lo voy a hacer; te voy a escribir todos los días también... ¡Te lo prometo! Pero aún así, te advierto que esto va a ser muy difícil.

– Mira, Nando, nadie dijo que esto iba a ser fácil. Si realmente queremos seguir adelante, hay que mantener el contacto. Si quieres, además de escribirme y de llamar por teléfono, podemos vernos en las vacaciones de Semana Santa, en las vacaciones de verano, en las de Navidad...

– Pero... – intentó Nando dar sus opiniones.

echarse para atrás: arrepentirse.

– Por favor, Nandito... espérame, ten confianza en mi decisión, no te desesperes, **no te eches para atrás**, ¡sigue con esto, por favor! –pidió Rosita. Y agregó:

– Desde este momento, si tú lo quieres, sólo si tú quieres continuar con esto, podemos formalizar la relación hablando con mis papás. Pero sólo lo haremos si estás dispuesto a continuar así, Nando. ¿Estás dispuesto?

Al escuchar esta pregunta, Nando respondió inmediatamente:

– ¡Seguro que estoy dispuesto, Rosita! Vamos a hacer las cosas como tú dices…, vamos a estar comunicados todo el tiempo, con cartas, con teléfono, con visitas a Pátzcuaro en vacaciones… ¡Voy a trabajar como burro para nosotros! ¡Ya lo vas a ver!, ¡vamos a mantener nuestra relación durante estos dos años; vamos a mantenernos y…!

Rosita ya no permitió a Nando seguir hablando… lo interrumpió con un beso suave y le dijo entonces en voz baja:

– Sí, Nandito, vamos a mantener nuestra relación, vamos a mantenernos **CON AMOR Y CON PALABRAS…** ¿te parece?

5

Al día siguiente, muy temprano en la mañana, Nando se plantó a las puertas de la casa de Rosita. Con toda formalidad, pidió el consentimiento de sus padres en matrimonio. La noticia cayó como bomba en la familia. Los padres de Rosita no podían creer el atrevimiento de quien, hasta hace unos meses, era un completo desconocido para ellos. Sin embargo, fue tanta la contundencia y la seguridad que Nando y Rosita mostraron durante la petición, que a pesar de lo que pensaban, no tuvieron más remedio que aceptar la situación. Quizás la tranquilidad que tenían se debía a que los dos querían esperar hasta la graduación de Rosita para fijar una fecha definitiva para la boda.

Al regreso de Nando a Monterrey, contó lo sucedido a familiares y a amigos. Nadie podía entender o creer en sus palabras. Todos lo tomaron como un loco romántico y supusieron que esta relación a distancia no iba a funcionar, que se iba a terminar un buen día. Muchos se burlaron de él, otros definitivamente intentaron desanimarlo... y pocos, muy pocos, lo alentaron a continuar. Pero nada de lo que su familia o amigos dijeron lo hizo cambiar de idea.

Nando y Rosita continuaron durante semanas, durante meses, su relación epistolar. Continuaron escri-

esporádico: que sucede de vez en cuando.

viento en popa: sin problemas.

departamento: apartamento.
austero: sin mucho adorno.
bocho: auto alemán (VW sedán) pequeño, característico en los años 70. Se le conoce como *beetle* o escarabajo.
DF: distrito federal; la capital.

biéndose, creando, inventando y manteniendo su relación mediante palabras, mediante promesas y mediante esperanzas en forma de cartas interminables, en forma de telegramas, en forma de llamadas telefónicas **esporádicas** y breves. De vez en vez, y cuando el tiempo o el dinero se los permitía, Nando visitaba Pátzcuaro y con ello, a Rosita. La familia de ella, poco a poco se fue convenciendo de la fuerza de su amor y empezaron a ver con buenos ojos que su relación iba **viento en popa**.

Año y medio pasó con esta situación. Rosita terminó finalmente su carrera universitaria y pudo graduarse con honores. Para ese tiempo, Nando ya se había mudado de la ciudad de Monterrey a la ciudad de México al conseguir un buen trabajo en las oficinas de la Subsecretaría de la Reforma Agraria. Con sus ahorros, había comprado ya un pequeño **departamento** en la zona de Tlatelolco, justo en la Plaza de las Tres Culturas. Lo había arreglado de manera simple y **austera** pero funcional. Tenía además un simpático **bocho** blanco modelo 1968 que le servía para desplazarse dentro del **DF** y, por supuesto, para visitar Pátzcuaro cada fin de semana. Ello trajo consigo también más fuerza a su relación y a sus sentimientos. Parecía que la vida estaba arreglándose para Nando y para Rosita. La boda era ya inminente. Solamente seis meses después de la graduación de Rosita, la pareja tenía ya una fecha fija.

La boda fue en febrero del '75. No fue una boda fastuosa ni mucho menos pero sí muy animada. Todo empezó con la ceremonia religiosa, en donde más de una solterona conmovida se la pasó toda la misa llorando "por la felicidad de los novios". Al término de ésta, a la salida de la iglesia, la habitual lluvia de arroz sobre la recién pareja de esposos.

Todos los invitados disfrutaron de la gran comilona que se preparó para tan especial ocasión: mole rojo con arroz, **las corundas, el churito** y por supuesto, los **chongos zamoranos** y una gran variedad de **ates** de frutas como postre. No faltaron además, las cantidades industriales de cerveza, tequila, mezcal y la tradicional **charanda**, que a muchos de los invitados puso literalmente por los suelos. Antes de empezar oficialmente con el baile, hubo el tradicional brindis con los "novios", la esperada **víbora de la mar** y la partida del pastel. Claro está, que el baile fue abierto por la joven pareja de novios al ritmo de vals y terminó, no sin antes haber bailado ambos con casi todos los familiares y amigos presentes. Por supuesto que ambos estaban fatigados pero contentos.

Entre la cena, la víbora de la mar, el vals y el baile, la fiesta no terminó hasta las seis de la mañana del día siguiente. Todo el mundo se divirtió de lo lindo. Pero quienes disfrutaron en verdad de la fiesta fueron Nando y Rosita, quienes no pararon hasta despedir al último de sus invitados.

La joven pareja inició así su nueva vida. Desde el inicio todo fue **miel sobre hojuelas**. Podría decirse sin duda alguna que los dos eran muy felices. Sin embargo, toda esa felicidad que ambos habían encontrado con su matrimonio, se veía un tanto **empañada** por el hecho de que mientras más tiempo pasaba, la preocupación de no tener hijos se acrecentaba. Nando, a pesar de que estaba muy triste por esta situación, trataba de **dar la mejor cara** y de darle ánimos a Rosita diciéndole constantemente:

corundas, churitos, chongos zamoranos y ates: comida tradicional del estado de Michoacán.

charanda: bebida alcohólica similar al *brandy*, originaria de Michoacán.

víbora de la mar: originalmente es un juego de niños. Se usa ahora en las bodas y consiste en bailar en fila mientras el novio o la novia dirige a todos los invitados.

miel sobre hojuelas: muy fácil, muy bonito.

empañada: aquí, estropeada, modificada.

dar la mejor cara: ser optimista.

Tenía además un simpático bocho blanco modelo 1968 que le servía para despla-
zarse dentro del DF y, por supuesto, para visitar Pátzcuaro cada fin de semana.

– No te preocupes, Rosita, si la vida no quiere darnos un hijo, es porque necesitamos darnos todo nuestro amor a nosotros mismos... tranquila.

Rosita se limitaba a sonreír y a abrazarlo para reconfortar a Nando. Pero en el fondo, ella estaba también sufriendo por la ausencia de un hijo.

Diez años habían transcurrido en su matrimonio. Corría ya el año de 1985. Si bien la pareja seguía viviendo en el mismo departamento que tenían desde que se casaron, su situación económica no era como al principio: su casa, antes austera, tenía ya ciertas comodidades propias de la época; el antiguo *bocho blanco*, había ya pasado a la historia y en su lugar, tenían un auto de modelo más reciente y con mayores lujos. Nando seguía trabajando en la Secretaría de la Reforma Agraria, ascendiendo cada vez más a mejores puestos y a mejores salarios. Por su parte, Rosita trabajaba algunas horas en un despacho contable porque quería mantenerse activa y ser autosuficiente. Rosita decía siempre: –*Cuando llegue el primer bebé, dejaré el trabajo, sólo cuando el primero llegue.* –y esa era una forma, por así decirlo, de mantener la mente alejada de tal circunstancia dolorosa para ambos.

El matrimonio entre Nando y Rosita parecía conservarse intacto como el primer día: ambos hacían todo a su alcance para mantener fresca su relación y su amor. Eran lo que se puede decir, una pareja de "eternos enamorados". Constantemente, Nando llegaba a casa con un detalle para Rosita: un ramo de flores, un regalito y por supuesto, una pequeña carta en donde le expresaba su sentir. Rosita agradecía las muestras de afecto de su marido y le daba una importancia especial a sus cartas. Por eso, guardaba todas y cada una de éstas como su tesoro. Para Rosita, las palabras de Nando la reconfortaban de tal manera que le daban ánimo a seguir adelante a pesar del dolor de no poder procrear una familia. Las palabras de Nando eran para Rosita su principal alimento. Las cartas, las palabras, servían como vínculo entre la pareja cuando Nando, por cuestiones de trabajo, salía de comisión a otras ciudades del interior del país. Esta costumbre de escribirse no la perderían ellos jamás mientras su matrimonio duró.

A finales de agosto de ese año del '85, Nando tuvo que salir de comisión al pueblo de San Miguel de Allende en el estado de Guanajuato y no volvería a casa sino hasta el final del mes de septiembre. Tanto Nando como Rosita estaban tristes por la separación, pero sabían que era parte del trabajo. Un poco para aminorar el sentimiento de separación y de tristeza, acordaron –además de llamarse por teléfono cada noche–, el escribirse una carta al menos una vez por semana.

Los días empezaron a pasar y ya para mediados de septiembre, al menos dos cartas habían recibido cada uno del otro. Era innegable que ambos seguían sintiendo la misma emoción de antes al recibir noticias del otro, pero también era claro que en ellos había una especie de melancolía nunca antes experimentada al escribir las cartas. Las palabras contenidas en el papel, no eran ahora propiamente palabras de ánimo frente a la distancia. Por el contrario, eran palabras llenas de tristeza y de nostalgia que mostraban cuánto se extrañaban. Frases como *te echo de menos...*, *te extraño...*, *me duele no estar a tu lado...*, etc., mostraban un desgarramiento y una tristeza tal, que parecía al mismo tiempo una extraña forma de presentimiento de situaciones trágicas.

Siendo la tarde del diecisiete de septiembre, Nando se encontraba en la oficina de correos de San Miguel de Allende a punto de depositar la carta que había escrito para Rosita durante su desayuno. Al mismo tiempo, pero en la ciudad de México, ella estaba colocando en un sobre la carta para Nando que instantes atrás había terminado. De manera extraña y sin explicación alguna, un estremecimiento invadió por completo a los dos dejándolos con una especie de vacío en el estómago. Por su parte, Nando no le dio mayor importancia al asunto y continuó de manera normal con su trabajo del día. Pero Rosita, por más que quiso, no pudo apartar de su mente, esa serie de presentimientos inexplicables que la hacían sentirse profundamente triste.

Con este sentimiento, Rosita no pudo ir a la oficina de correos a depositar la carta. La estuvo contemplando por horas sin saber realmente las causas de su angustia. Así se pasó la noche **en vela** sin saber qué hacer.

en vela: despierto, en vigilia.

Ya para la madrugada del dieciocho de septiembre, Rosita sintió la necesidad de escribirle a Nando algo más que una simple descripción de sus días de trabajo en la oficina. Sintió que debía escribirle algo que realmente explicara sus sentimientos hacia él y lo que en su mente cruzaba en esos momentos. Casi sin pensar-

sonámbulo: que camina dormido. En este caso, persona que está sin rumbo.

clóset: armario.

lo, Rosita decidió escribir una nueva carta y así lo hizo. Fue ésta, la segunda carta y no la primera, la que mandó finalmente a Nando durante la tarde. El resto de ese día, Rosita estuvo como **sonámbula**. No sabía a ciencia cierta qué le pasaba. Tenía una necesidad de hacer algo, de hacer algo que la mantuviera ocupada para no pensar ni sentir cosas extrañas. De la parte superior del **clóset** de su habitación, bajó una enorme caja en donde guardaba fotografías, cartas y recuerdos de su familia y de su relación con Nando. Empezó a leer las cartas que Nando le había escrito y a ver las fotos de ambos de cuando eran novios. Sin razón aparente, cuando ella vio una de las fotos de Playa Azul, el lugar donde habían pasado su luna de miel, empezó a sentirse muy triste y empezó a llorar. Un nuevo presentimiento se apoderó de ella y durante casi toda la noche, la mantuvo angustiada y sin poder dormir. Estuvo así hasta pasadas las cuatro de la mañana hasta que, finalmente, el cansancio del día la venció y se quedó profundamente dormida. Y dormida quedó.

Nando se encontraba alrededor de las ocho de la mañana del diecinueve de septiembre en su habitación. Se estaba arreglando para salir a trabajar. Ni remotamente imaginaba lo que había sucedido en el centro del país unos minutos atrás. Mientras se empezaba a afeitar, encendió el radio "para tener un poco de ruido" mientras se **alistaba**. La música que en ese momento se escuchaba, fue interrumpida abruptamente por un comunicado de prensa que explicaba lo sucedido en la capital:

alistar: aquí, arreglarse, prepararse.

"Diecinueve de septiembre de 1985. Siete de la mañana con diecinueve minutos: un **sismo** de 8.1 grados

sismo: seísmo, terremoto.

fierro: hierro.

en la escala de Richter, sacudió por casi tres minutos la ciudad de México. Muchos de los edificios de la zona del centro fueron parcial o totalmente destruidos: hoteles, tiendas comerciales, restaurantes, hospitales y edificios de departamentos, han desaparecido. La Secretaría de Protección Civil de la ciudad, el cuerpo de bomberos, la Cruz Roja y los paramédicos, han iniciado labores de rescate para buscar sobrevivientes entre los escombros y los **fierros** retorcidos. Se les recomienda no ir a las siguientes zonas de la ciudad: Centro, Tlaltelolco, colonia Roma, colonia...".

Nando, quedó tan consternado al oír la noticia que su única reacción fue quedarse petrificado, sin poder hablar ni hacer nada. Estaba mal, su cara estaba descompuesta y empezaba a sentir un pánico enorme. Peor se sintió cuando escuchó que el comentarista mencionó después que, en la zona de Tlatelolco, la zona en donde él vivía, estaban los mayores daños causados por el terremoto. Pero lo que acabó por devastarlo, fue cuando se mencionó que el edificio Nuevo León, el edificio donde él tenía su departamento, había desaparecido por completo.

En ese momento Nando literalmente se desconectó. No supo qué pasó después. No recordaba con claridad nada. Todo era una especie de mal sueño, en el cual no sabía si estaba completamente dormido o despierto. Estaba como autómata, sin diferenciar la realidad.

Con el paso de los siguientes días, y con la confirmación de todo lo sucedido durante el terremoto,

Nando ya no fue el mismo de antes, ya no podía ser el mismo de antes. Todo era diferente: su jovial forma de ser, sus características bromas y la manera de reírse se habían ido. Para él ya nada tenía sentido, todo era difícil, doloroso. De la noche a la mañana, Nando se encontró solo, sin saber nada de la vida, sin saber qué rumbo tomar. Era tan evidente su pena, que ésta se podía ver hasta en la forma de caminar, en su mirada perdida mientras hablaba, en lo forzado de su sonrisa, en su respirar. Todos en su oficina estaban conscientes de su pena y trataban de animarlo a toda costa pero sin éxito. Toda la gente de su alrededor estaba realmente preocupada por su actitud.

Unas semanas después de la tragedia y de manera sorpresiva, Nando anunció su renuncia irrevocable a su puesto de trabajo. Luego de una larga reunión con su jefe, ésta fue aceptada y dejó rápidamente su oficina, de la misma manera en que dejó después la ciudad de México. Vendidas todas sus pertenencias, Nando se encontró a bordo de un autobús que lo conducía a un destino no planeado, a un destino elegido al azar. Nando sólo miraba el paisaje por la ventanilla, sin darse cuenta realmente qué iba a ser de él y de su vida a partir de ese momento...

6

Don Nando estaba precisamente recordando su imagen dentro del autobús, cuando empezó a oír una voz que le decía: –¿don Nando?, ¿don Nando? ¿Qué le pasa? ¡**Se quedó en la luna,** don Nando! ¿Pues en qué está pensando? –esa voz que escuchó era la de Checo, quien sacó a Nando, a don Nando de sus recuerdos.

quedarse en la luna: quedarse absorto, distraído, pensativo.

– Eh... este... en nada, chamaco, en nada... ¡no sea **metiche**! –alcanzó a reaccionar. –¿en qué estábamos?

metiche: entrometido.

– ¡Uy don Nando! ¡Usted ya está **chocheando**! ¿No se acuerda?

estar chocheando: estar envejeciendo.

– ¡Ah sí! Quedamos en que pones cara de tonto al ver a tu niña esa. ¿Que no? Eso sí, la cara de tonto nadie te la quita... –retomó don Nando la conversación.

– ¡Órale, órale! No se mande, don Nando... después no se queje de mis bromas, ¿eh?

– ¡Muchacho irrespetuoso! –comentó don Nando un poco enojado ya con la situación.

– ¿Me va a ayudar o no, don Nando? ¿Me va a decir cómo hacer para **llegarle** a Xóchitl?

llegarle (a alguien): acercarse a alguien.

– "Llegarle a Xóchitl... llegarle a Xóchitl"... ¿Qué es eso? ¿Sigues con tus palabrejas raras?

– ¿"Palabrejas"? Esa sí que es una palabreja muy rara, don Nando... ¿eh? –y ahora Checo fue quien guiñó el ojo a don Nando– pero no se enoje, no se enoje y explíqueme cómo hacer para conquistar a Xóchitl.

taimado: lento, flojo.

– Pos muy simple muchacho **taimado**: escríbele cartas, ¡escríbele cartas de amor! ¡Conquístala con palabras de amor!

cursi: que quiere ser de buen gusto, pero resulta excesivo y poco natural.

– ¿Cartas de amor? Oiga, don Nando, ¿no le parece muy **cursi** eso de cartitas de amor? Este... no se enoje pero... se me hace que eso ya no se usa... ¿Y tengo que mandarla por correo y toda la cosa?

– ¡Pues claro, burro! ¿Qué crees?

– ¡Uy, don Nando! ¿No es más fácil mandarle un correo e-mail? Eso es más rápido y efectivo...

como Dios manda: de la manera más correcta.

– ¡Qué e-mail ni qué mis narices! ¿Qué es eso? Mándale una carta **como Dios manda**. Dile lo que sientes por ella, que es guapa, que le quieres hablar, que la invitas a tomar un helado... ¿qué sé yo?, dile que...

– Ya, ya, ya don Nando, creo que de verdad esto va para largo. Si sigo sus consejos, ¡ella pensará que soy muy cursi! –interrumpió Checo.

ni te pela: no hacer caso.

– ¡Ah qué bruto eres, chamaco! ¡Con razón **ni te pela**! Estos jovencitos de ahora... No saben qué decir ni qué hacer.

– ¿Y a poco usted si sabe de eso?

viejo(a)/viejito(a): forma cariñosa de llamar al esposo o a la esposa.

al pie de la letra: exactamente como se indica.

chistar: protestar.

de entrada: en un inicio, antes que otra cosa.

otra vez la burra al trigo: otra vez con la misma cosa.

chido: bien, bonito, agradable (similar a "padre").

– ¡Muchachillo irrespetuoso! ¡Pos claro que lo sé! ¿Qué te piensas? ¿Qué crees que yo no he estado enamorado? ¿Cómo crees entonces que conquisté a mi **viejita**? ¡Pues con cartas!

– A ver, a ver... cuente, don Nando, cuénteme usted, no sea malito.

– ¿Que te cuente? ¡Ni loco! Esto no es un circo. Además el interesado eres tú, ¿o no? Pues si de verdad te interesa, debes seguir **al pie de la letra** mis indicaciones sin **chistar** ni media palabra, ¿entendido?

– Ni hablar, don Nando, usted manda...

– Pues bueno, pon mucha atención: **de entrada** escríbele a Xóchitl una carta para presentarte primero de manera sutil. Sólo dile que la conoces pero que ella no te conoce. Eso le va a crear curiosidad. A las mujeres, querido Checo, les gusta el misterio, les gustan los enigmas. No te olvides de eso. En la carta, hazle saber que estás al pendiente de ella y que te gustaría acercártele poco a poco. Dile que te gustaría escribirle más cartas. Solicita su aprobación para escribirle más, es muy importante. Además...

– Don Nando, don Nando... –interrumpió nuevamente Checo.

– ¡**Otra vez la burra al trigo**! ¿Y ahora qué quieres? ¡Dime ya!

– Pues es que creo que las cosas así no van a funcionar. Me parece **chido** lo que me dice usted pero... mmmmm... ¿cómo se lo digo sin que se enoje?... pues... pues es que creo que si hago lo que usted me pide, si digo lo que usted me dice, Xóchitl me **va a mandar por un tubo**, eso se lo aseguro!

– ¿Cómo que por un tubo? ¿Cómo crees?

– Pues sí, don Nando, es que sus métodos, sus palabras son... son... ¡pues son medio anticuados!

– ¡Chamaco irrespetuoso! Cuando yo tenía tu edad, nos enseñaban a ser respetuosos con los mayores!

– ¡Uy, don Fernando! ¡**Ya llovió** de eso!

– ¿Ya llovió? Va a llover... ¡pero golpes si no dejas de insultarme! ¡Ya verás! ¡Qué irrespetuoso eres **escuincle**! Y además, ¡deja ya de hablar de manera rara, **mocoso**!

– ¿Manera rara de hablar? ¡**El burro hablando de orejas**! Usted es quien no para de decirme palabras en verdad raras: que si chamaco, mocoso, escuincle; que si soy taimado, que si soy esto o lo otro... y no sé qué más. El que habla raro es usted.

– Ya, ya, ya. Ya te entendí. ¡**Párale a tu tren**!

– ¿Ve? ¡Otra de sus frasecitas! ¡Párale a tu tren!

– Sí, sí... que ya no sigas te digo, que ya te entendí.

– Y bueno, por eso, prefiero realmente hacerlo de otra manera. Prefiero hacerlo a mi manera, con mis propias palabras. No con las suyas, don Nando.

– ¡Pues bueno! ¡Qué le vamos a hacer! Ya decidiste, ¿no? –dijo don Nando con un tono de resignación. –ya me dirás cómo es que te va.

– Sí, don Nando, ya le diré. –y diciendo esto, Checo se levantó rápidamente de las escaleras, tomó su mochila, se la colocó al hombro y empezó a caminar en dirección a su casa. Don Nando sólo vio cómo Checo se alejaba.

Con la escoba en una mano y con la botella de refresco vacía en la otra, don Nando pensó: –¡chamaco tonto! ¿Qué va a saber éste de lo que es el amor, de conquistar a mujeres si **apenas ha salido del cascarón**? ¡Es tan sólo un jovencito! Éste, a pesar de su inexperiencia en la vida, se cree **la mamá de los pollitos**. No cabe duda, éste no sabe nada acerca de enamorar, de enamorar con palabras, de enamorarse con palabras, de enamorarse de las palabras. ¿Cómo va a saberlo con esa inexperiencia en la vida? ¿Cómo?

salir apenas del cascarón: cuando se refiere a una persona inexperta.

(creerse) la mamá de los pollitos: pensar que es experto, superior a alguien.

Don Nando seguía reflexionando mientras Checo ya iba llegando al final de la calle. En un momento, el joven dobló la esquina a la izquierda y definitivamente se perdió de la vista de don Nando. Éste siguió pensando en el encuentro de ese día. En cómo se contagió al principio de la energía del chico y de cómo, poco a poco, sin pretenderlo, volvió a su pasado.

Para don Nando, era obvio que Checo, con la edad que tenía, jamás iba a poder comprender las cosas que pueden pasar en el corazón de las personas cuando se enamoran. No, a Checo le faltaba mucho por vivir, mucho por experimentar. Y ello no tenía que ver con la capacidad, sino con la experiencia. Con el tiempo, seguramente lo descubriría. Pero no era el momento, no por ahora.

– ¿Qué va a saber Checo del significado real de un "te amo", de un "te extraño", de un "te necesito" cuando no sabe nada del amor? ¿Qué sabe ahora él, cuando no entiende el significado real de esas palabras?

Pensando en lo anterior, don Nando sacó casi de manera automática de su bolsillo derecho una pequeña bolsa de plástico, en la cual había un pañuelo de seda blanco. Sacó el pañuelo cuidadosamente y en éste había una carta fechada en el año de 1985. En el fatídico año del '85.

Nuevamente don Nando volvió a sus recuerdos. La carta que tenía en las manos, lo transportó nuevamente a su pasado, al dolor de su pasado.

Esa carta, le había llegado a su oficina en la ciudad de México, dos días antes de pedir su baja al puesto que tenía. Ésta originalmente había llegado a San Miguel de Allende, a la oficina de la Secretaría de la Reforma Agraria de aquel lugar. Por supuesto que la sorpresa para Nando fue mayúscula cuando le entregaron esa carta que había escrito Rosita antes del terremoto, antes de su muerte.

Cuando Nando recibió esa carta, estaba sumamente nervioso. Sin dejar de verla, se fue a su oficina, la puso sobre su escritorio y se sentó a contemplarla por unos instantes. No se atrevía a abrirla. No sabía si quería saber lo que Rosita le había escrito horas antes de morir. Pensar en eso, en el contenido y en el significado de sus palabras, lo hacía ponerse tenso, triste. Una especie de dolor en el estómago lo invadió por completo y empezó a sudar por la situación. Nando realmente no sabía qué hacer.

Tomó entonces el teléfono. Pidió a su secretaria un café y no ser interrumpido por nadie. Colgó, abrió lentamente la carta y se dispuso a leerla. Cuando su secretaria llegó con el café, encontró a Nando bañado en lágrimas sin dar crédito a lo que había leído en ella. Ya ni siquiera tomó el café. Salió de la oficina casi corriendo. Se fue directamente al hotel donde estaba viviendo y lloró desconsoladamente en su habitación. Empezó a recordar a Rosita durante toda la noche. La madrugada lo sorprendió completamente en vela. Para cuando el sol ya brillaba por su pequeña ventana, había tomado una decisión sumamente importante para su futuro. Al amanecer, ya sabía perfectamente qué hacer.

Cuando Nando llegó al edificio de la Secretaría, saludó a casi todo el mundo como era su costumbre. Se dirigió a su oficina para escribir la solicitud de baja de su puesto. Luego, salió para la oficina de su jefe a entregársela. Después de hablar con él, éste la aceptó muy a su pesar. Le pidió reconsiderar su petición, pero Nando ya estaba decidido. Se iría de la capital lo más pronto posible.

Con el dinero que Nando había ahorrado por años, se instaló poco después en la ciudad de Querétaro. Muy cerca del Centro Histórico de aquella ciudad, compró una pequeña y modesta casa para vivir. A un lado de ésta, había un local en donde montó un negocio pequeño de **abarrotes**. A partir de ese momento y con el paso del tiempo, Nando, o don Nando, como se le conocería más tarde, se dedicó a vivir, tan sólo a vi-

abarrotes: artículos domésticos y comestibles.

vir, consagrándose en cuerpo y alma a mantener sus recuerdos intactos, a recordar cada día sin excepción a Rosita, su más grande amor.

Lo único que le quedaba de ella, era aquella carta que le mandó antes de morir. El terremoto, además de apartar a Rosita de su lado, se había llevado consigo todos sus bienes materiales, sus documentos, sus fotografías y por supuesto, todas las cartas que ambos atesoraron durante el tiempo que estuvieron juntos. Nada le quedó a don Nando de ella, tan sólo aquella carta, su más valiosa posesión y su único vínculo con su pasado. Era por ese motivo que la traía siempre consigo y que la guardaba con tanta devoción.

Y con la misma devoción de siempre, ese día, después de la plática con Checo en donde revivió su pasado, abrió nuevamente la carta.

Entró lentamente a la tienda y se dirigió detrás del mostrador. Tomó una silla y se sentó en ella. Se quitó el sombrero, lo puso a sus pies y empezó a leer:

"Nando, mi Nando querido, mi Nandito,

Hace unos momentos estuve en nuestra habitación viendo nuestras fotos y releyendo las cartas que me has dado desde que nos conocimos. He leído ya casi todas ellas y sin querer, me he transportado a nuestros bellos momentos de cuando nos conocimos allá en Pátzcuaro, ¿recuerdas?

Para mí, parece que fue ayer cuando te vi por primera vez en medio de la plaza del pueblo y me preguntaste por aquel hostal, que tiempo después supe no existía. ¡Me encantó tanto el descaro de tu mirada, de tu sonrisa, de tus palabras!

*Después de nuestro encuentro, disfruté mucho cuando empezamos a hablar, cuando empezamos a salir juntos, cuando empezamos a conocernos cada día más. Me gustó siempre tu paciencia, tu respeto hacia mí y hacia mis decisiones, la forma en que tomabas la vida en los buenos momentos e incluso en los malos. Me divertí siempre con tus bromas, con tus constantes bromas. Bromas hacia la gente de Pátzcuaro, hacia mis amigos, a la vida, a ti mismo. Siempre has hecho de la vida una constante broma y es por eso que te diviertes **de lo lindo** y, de paso, me diviertes a mí. Me fascina reírme a tu lado. A veces no paro de hacerlo y eso me tiene contenta, feliz.*

Mi Nando, mi querido Nando, tengo siempre en mi mente nuestras conversaciones, nuestras largas, entretenidas, animadas y bellas conversaciones. Siempre me sentía cómoda hablando contigo porque veía el interés en tus ojos por mis cosas, por mis pensamientos, por mis sentimientos. Me cautivaba también tu forma de pensar, tu claridad al ver las cosas y la contundencia de tus opiniones.

Y no sólo en nuestras conversaciones sino también en tus cartas. ¿Recuerdas cuánto tiempo pasamos escribiéndonos cartas?, ¿recuerdas cuánto tiempo tuvimos que esperar antes de terminar mi carrera? Pues bueno, como bien sabes, he guardado cada una de las cartas que me mandaste, cada mensaje, cada nota, cada recado. Lo he guardado todo. En cada carta encuentro parte de nuestra vida y es por eso que son tan importantes para mí. Te agradezco, Nando, todas y cada una de las cartas que me enviaste, de las palabras que me enviaste. Tus palabras, Nando, tus palabras.

Gracias a ti, entendí el valor que le dabas a las palabras. No tanto a las frases o a las ideas sino a las palabras. Me enseñaste que una de ellas, tan sólo una, puede contener millo-

de lo lindo: mucho.

nes de significados y sentidos como estrellas hay en el cielo. Gracias a ti, pude entender que una palabra puede significar un deseo, una promesa, una conquista, un sueño. Gracias a ti, comprendí tu "hambre" de coleccionar palabras, de hacerlas tuyas, de conquistarlas, de moldearlas, de re-significarlas. Gracias a ti, por ofrecerme en cada palabra una posibilidad creadora de sueños y de esperanzas, de amor y de confianza. Pero sobre todo, por encima de todo, Nando, gracias por hacerme sentir que yo era tu palabra favorita cada vez que decías mi nombre, cada vez que me decías "amor", "bonita". Te lo agradezco enormemente.

Por la palabra, Nando, por tu palabra, por tus palabras, estamos aquí. No sé hasta cuándo, pero sé que, al menos hoy, estamos aquí.

A veces pienso que no sé qué haría sin ellas. Estoy segura que no sabría a dónde ir, qué hacer, cuándo despertar, cómo sonreír, cómo luchar. No quiero perder nunca, Nandito, la explosión de tus palabras, la fuerza de tus palabras, la serenidad de tus palabras.

Ahora tengo enfrente de mí nuestra foto favorita, sí, aquella que tomamos en nuestra luna de miel en Playa Azul. ¿Recuerdas? Sí, aquella en donde estábamos sentados en la arena y en la que escribiste la mejor de tus palabras, la más bella, la que más me estremeció. Aquella palabra que me hizo creer en tus sueños y en los míos; aquella palabra que me transportó a nuestros deseos y que curiosamente nos hizo tan felices pero al mismo tiempo, nos hizo sentir tan desolados. Esa palabra escrita en la arena, Nando, que tanto significado tiene para los dos fue FAMILIA.

¿Lo recuerdas?

Mi Nandito... Bien sabemos los dos que en todo este tiempo hemos querido "crear" esta palabra para completar así nuestra relación, nuestra felicidad. La vida, el destino, Dios o quien sea, no nos lo ha permitido hacer. Por eso lloro, Nando. Lloro al saber que la vida no nos ha dado esa oportunidad mágica de tenerla, de serla. Lloro a veces en silencio por esto; lloro cuando no me ves, cuando no me oyes, lloro. Y sé perfectamente que lloras tú por igual, que sufres por igual. Sólo que por tu fortaleza, por tu inmensa fortaleza, no me lo dices, te lo callas. Pero yo sé qué es lo que sientes, yo sé que mueres por gritar esta palabra a los cuatro vientos, que mueres por decirla con orgullo, con alegría, con emoción. No ha sido posible, Nando, no fue posible.

Ahora la habitación es más grande que nunca, está más sola que nunca. Te extraño y te necesito aquí conmigo. Tengo frío y ni con nada se me quita. Tengo miedo, y como el frío, tampoco se me quita. Realmente no sé si tengo más frío que miedo o más miedo que frío. No lo sé.

Nando, hoy no sé qué me pasa. Me siento profundamente melancólica y tengo la sensación de que las cosas van a dar un giro extraño. No sé por qué lo siento pero eso me da miedo.

Espero tener noticias tuyas pronto. Por teléfono o por carta. Sé que como siempre, tendrás la respuesta apropiada a esto que me pasa. No sé, una frase, una broma, una palabra... Sí, eso es, espero de ti una palabra.

Tuya, como siempre, Rosa."

Don Nando dejó caer sobre sus piernas la mano con la cual sostenía la carta. Su mirada se clavó en el piso y dio un suspiro hondo. Salió del mostrador, tomó nuevamente su escoba y se dirigió a las escaleras de su tienda. Observó a la gente que caminaba por la calle y que era completamente ajena a lo que en el interior de don Nando pasaba.

De pronto, fijó la vista en la esquina en donde momentos antes, Checo había doblado para irse a su casa. Recordó su encuentro con él y la conversación que sostuvieron.

– ¡Muchacho canijo! ¡Hasta dónde me llevó con sus **tarugadas**! ¡De seguro no entendió nadita de lo que le dije!: "Que cómo le hace para llegarle a Xóchitl...", "que eso no es chido...", "que ya llovió...","que lo va a mandar por un tubo...", "que las cartas son anticuadas...". ¡Tarugadas de **mocosos**! ¡De seguro mañana volverá a preguntarme sus cosas! Pero mañana yo lo voy a mandar por un tubo... –murmuró.

– ¿Qué va a saber éste de lo que realmente significan las palabras, del significado de las palabras? –dijo hablando solo en voz alta.

Y de pronto, los ojos de don Nando se pusieron llorosos en un instante. Una enorme tristeza lo invadió porque recordó que nunca jamás pudo darle a Rosita aquella palabra que tanto necesitaba en esos momentos de angustia, en esos momentos de pesar.

El dolor de no haber podido darle esa palabra a Rosita, estaría presente en don Nando hasta el momento de su muerte.

tarugadas: tonterías.

moscoso: niño pequeño.

enjugarse: quitarse, secar.

– ¿Por qué? ¿Por qué así? –y empezó a **enjugarse** las lágrimas que apenas empezaban a asomarse por sus ojos.

– ¡Don Nando! ¡Buenas tardes! Necesito un kilo de arroz y un litro de leche… –pidió doña Mariquita, una de sus clientas de la colonia que en esos momentos entraba a la tienda.

– ¡Cómo no! ¡Cómo no! Pase, pase usted… Y dígame, ¿cómo le va, doña Mariquita? ¿Qué me cuenta de nuevo? –respondió don Nando mientras se acicalaba sus largos y espesos bigotes y mientras mostraba aquella sonrisa que siempre les daba casi religiosamente a sus clientes.

EXPLOTACIÓN DIDÁCTICA
EJERCICIOS PARA EL ALUMNO

Lecturas de Español es una colección de historias breves especialmente pensadas para los estudiantes de español como lengua extranjera. Los cuentos han sido escritos, teniendo en cuenta, básica pero no únicamente, una progresión gramático-funcional secuenciada en seis etapas, de las cuales las dos primeras corresponderían a un nivel inicial de aprendizaje, las dos segundas a un nivel intermedio, y las dos últimas al nivel superior. Como resultado de la mencionada secuenciación, el estudiante puede tener contacto con textos escritos "complejos" ya desde los primeros momentos del aprendizaje y puede hacer un seguimiento más puntual de sus progresos.

Las aportaciones didácticas de ***Lecturas de Español*** son fundamentalmente dos:

- notas léxicas y culturales al margen, que permiten al alumno acceder, de forma inmediata, a la información necesaria para una comprensión más exacta del texto.

- explotaciones didácticas amplias y variadas que no se limiten a un aprovechamiento meramente instrumental del texto, sino que vayan más allá de los clásicos ejercicios de "comprensión lectora", y que permitan ejercitar tanto otras destrezas como también cuestiones puntuales de gramática y léxico. El tipo de ejercicios que aparecen en las explotaciones permite asimismo llevar este material al aula ampliando, de esa manera, el número de materiales complementarios que el profesor puede incorporar a a sus clases.

Con respecto a los autores, hemos querido contar con narradores capaces de elaborar historias atractivas, pero que además sean –condición casi indispensable– expertos profesores de E/LE, para que estén más sensibilizados con el tipo de problemas con que se enfrenta un estudiante de español como lengua extranjera.

Las narraciones, que no se inscriben dentro de un mismo "género literario", nunca **son** adaptaciones de obras, sino **originales** creados *ex profeso* para el fin que persiguen, y en ellas se ha intentado conjugar tanto amenidad como valor didáctico, todo ello teniendo siempre presente al lector, una persona joven o adulta con intereses variados.

PRIMERA PARTE
Comprensión lectora

1. A continuación tienes una serie de afirmaciones sobre la historia que has leído. Marca cuáles de ellas son verdaderas y cuáles falsas.

   a. Checo es un niño tímido y apartado.
   ❏ Verdadero   ❏ Falso

   b. Don Nando conoce casi todo sobre los habitantes de la colonia.
   ❏ Verdadero   ❏ Falso

   c. Don Nando tiene casi setenta años.
   ❏ Verdadero   ❏ Falso

   d. Checo compra a don Nando unas galletas y un refresco.
   ❏ Verdadero   ❏ Falso

   e. Xóchitl va a cumplir quince años.
   ❏ Verdadero   ❏ Falso

   f. Don Nando tuvo una novia de Monterrey cuando era joven.
   ❏ Verdadero   ❏ Falso

   g. En la universidad, Nando estudió ingeniería industrial.
   ❏ Verdadero   ❏ Falso

   h. Los amigos de Nando tienen un problema con los chicos del pueblo.
   ❏ Verdadero   ❏ Falso

   i. Nando volvió a ver a Rosita al ir a comprar comida.
   ❏ Verdadero   ❏ Falso

   j. Rosita nunca mentía a sus padres.
   ❏ Verdadero   ❏ Falso

   k. Desde las primeras citas, Nando supo que se casaría con Rosita.
   ❏ Verdadero   ❏ Falso

   l. Rosita quiso terminar su carrera antes de casarse con Nando.
   ❏ Verdadero   ❏ Falso

   m. Nando pensaba que las mujeres no deben trabajar.
   ❏ Verdadero   ❏ Falso

   n. La boda se celebró a los seis meses de ser decidida.
   ❏ Verdadero   ❏ Falso

ñ. Los hijos de la pareja nacían muertos.
   ❑ Verdadero   ❑ Falso
o. Rosita trabajaba en un despacho contable.
   ❑ Verdadero   ❑ Falso
p. Con el tiempo, la pareja perdió la costumbre de escribirse.
   ❑ Verdadero   ❑ Falso
q. Rosita tuvo un sentimiento extraño antes de morir.
   ❑ Verdadero   ❑ Falso
r. Nando escuchó las malas noticias del 19-IX por la radio.
   ❑ Verdadero   ❑ Falso
s. Nando dejó el trabajo cuando murió Rosita.
   ❑ Verdadero   ❑ Falso
t. La última carta que escribió Rosita se perdió antes de enviarla.
   ❑ Verdadero   ❑ Falso
u. En la carta final, Rosita le confesaba que amaba a otra persona.
   ❑ Verdadero   ❑ Falso

2. Marca la respuesta correcta.

1. Monterrey es una ciudad:
   ☐**a.** del norte de México, con habitantes altos y rubios.
   ☐**b.** del sur, con habitantes muy morenos y bajos.
   ☐**c.** de la costa central, con población pelirroja y de ojos verdes.

2. Cuando las chicas cumplen quince años en México es costumbre:
   ☐**a.** celebrar competiciones deportivas en los pueblos.
   ☐**b.** organizar una fiesta y un baile donde las chicas se presentan en sociedad.
   ☐**c.** ir toda la familia a la iglesia.

3. Xóchitl:
   ☐**a.** es muy alegre pero no le gusta mucho estudiar.
   ☐**b.** es bajita y tiene los ojos grandes y de color café clarito.
   ☐**c.** tiene el cabello largo y liso.

4. En México, en el Día de los Muertos:

☐ **a.** la gente organiza procesiones y carreras de caballos.
☐ **b.** nadie sale de casa por miedo a los muertos.
☐ **c.** los gobiernos locales colocan altares de muertos en los parques.

5. El 19 de septiembre de 1985 tuvo lugar en México:

☐ **a.** un terremoto que destruyó gran parte de la ciudad y produjo muchos muertos.
☐ **b.** un atentado terrorista que mató a muchos policías.
☐ **c.** un cortocircuito o "apagón" que dejó a la ciudad sin luz.

6. Don Nando y Checo:

☐ **a.** se entienden a la perfección y consiguen para Checo el amor de Xóchitl.
☐ **b.** utilizan lenguajes diferentes que les dificultan entenderse.
☐ **c.** acaban discutiendo porque el segundo no quiere obedecer.

7. Checo vive en:

☐ **a.** México DF.
☐ **b.** Querétaro.
☐ **c.** Pátzcuaro.

SEGUNDA PARTE
Gramática y notas

1. Aquí tienes un párrafo de la novela que acabas de leer; como ves faltan algunos verbos. De las opciones que te damos tienes que elegir sólo una. Se trata de un ejercicio para refrescar la memoria ya que varias de las opciones que te ofrecemos podrían funcionar en la frase. Si tienes curiosidad por saber qué significan los demás puedes preguntar a tu profesor.

> *La joven_____(1) la cabeza al sentir una mano posarse en su hombro;_____(2)la vista y _____(3) ante la figura atractiva de Nando, quien en esos momentos no _____(4) de mirarla con sus característicos ojos claros y profundos. De inmediato, la chica _____(5) una fuerte descarga que _____(6) su cuerpo y que le _____(7) hablar. Una mezcla extraña de curiosidad y de nerviosismo la _____(8) por completo impidiéndole apartar la mirada del extraño que la _____(9) en su conversación. Ambos _____ (10) la mirada fija puesta en el otro. Mínimo instante que _____(11) para ellos una eternidad. Una especie de sensación de certeza _____(12) el ambiente;_____(13) que ese encuentro ya _____(14) la vida presente y futura de ambos.*

(1) **a**, *torció;* **b**, *dobló;* **c**, *volteó;* **d**, *movió*

(2) **a**, *levantó;* **b**, *subió;* **c**, *puso;* **d**, *aumentó*

(3) **a**, *se vio;* **b**, *se miró;* **c**, *se encontró;* **d**, *se puso*

(4) **a**, *paraba;* **b**, *detenía;* **c**, *impedía;* **d**, *acababa*

(5) **a**, *lamentó;* **b**, *sintió;* **c**, *sufrió;* **d**, *encontró*

(6) **a**, *recorrió;* **b**, *anduvo;* **c**, *corrió;* **d**, *fue a*

(7) **a**, *prohibió;* **b**, *impidió;* **c**, *negó;* **d**, *evitó*

(8) **a**, *llenó;* **b**, *ocupó;* **c**, *invadió;* **d**, *dominó*

(9) **a**, *había parado;* **b**, *había interrumpido;* **c**, *había detenido;* **d**, *había paralizado*

(10) **a**, *tenían;* **b**, *llevaban;* **c**, *guardaban;* **d**, *habían*

(11) **a**, *asemejó;* **b**, *aparentó;* **c**, *pareció;* **d**, *se presentó*

(12) **a**, *bañó;* **b**, *regó;* **c**, *inundó;* **d**, *cargó*

(13) **a**, *era;* **b**, *estaba;* **c**, *semejaba;* **d**, *parecía*

(14) **a**, *había marcado;* **b**, *había señalado;* **c**, *había anotado;* **d**, *había destacado*

2. Las singulares costumbres mexicanas sobre el Día de los Muertos y sobre sus altares destacan a lo largo del relato. Mira estas imágenes con elementos mencionados en la novela. ¿Te acuerdas de algunos nombres? Aquí tienes algunos de ellos. ¿Serías capaz de señalarlos en las fotos? Puedes ir a las páginas 19 y 29 si tienes dudas.

- *"Catrina"*
- *Tzenpatzuchil*
- *Fruta de estación*
- *Calaveritas de azúcar*

3. Como has podido ver, las palabras y expresiones de México a veces son diferentes de las de los demás países hispanoablantes. Aquí tienes dos columnas; relaciona los términos empleados en México con los del español peninsular (algunos ya habían aparecido en el ejercicio 1 de "Párate un momento"):

México	España
Cuadra •	• Palizas, golpes
Metiche •	• Lustrado, limpio
Lana •	• Entrometido
Güero •	• Niño(a)
Fuereño •	• Manzana
Calentada •	• Rizado
Chamaco •	• Invitar
Disparar •	• De fuera
Codo •	• Chico (a)
Boleado •	• Tacaño
Chavo (a) •	• Rubio
Chino •	• Dinero

4. Aquí tienes otro ejercicio para ejercitar la memoria. Este párrafo, en principio, está correctamente escrito pero se han cambiado diez palabras que no aparecen en el texto original (página 66). ¿Serías capaz de encontrarlas?

Con el dinero que Nando había guardado por años, se colocó poco después en la cuidad de Querétaro. Muy cerca del Centro Histórico de aquella ciudad, alquiló una pequeña y modesta casa para vivir. A un lado de ésta, había un espacio en donde levantó un negocio pequeño de comidas. A partir de ese momento y tras el paso del tiempo, Nando o Nandito, como le conocerían más tarde se puso a vivir, tan sólo a vivir, consagrándose en cuerpo y alma a cuidar sus recuerdos intactos, a recordar cada día sin excepción a Rosita, su más grande amor.

5. Muchas de las expresiones mexicanas utilizadas en la lectura tienen a la comida como rasgo común. Intenta usar las siguientes adecuadamente en los diálogos, sustituyendo las expresiones equivalentes que están en negrita.

a) *Ser el ajonjolí de todos los moles.*
b) *No comer ansias.*
c) *Comer gallo.*
d) *No son enchiladas.*
e) *Sacar la papa.*

▷ Hola, Miguel, ¿cómo te va? ¡Vaya cara que tienes! ¿Te ocurre algo? ¿(....)**Estás enfadado?**

► Bueno, un poco. Pero déjame un poco tranquilo, ¿vale?

▷ Venga, hombre, (....) dime la verdad. Ya sabes que puedes confiar en mí. ¿Qué es? ¿Es porque te has quedado sin trabajo?

► Sí, claro que es por eso. Llevo así varias semanas y no me sale nada. No sé qué hacer. Necesito (....)**ganarme la vida**, no puedo vivir del aire.

▷ (....)**No te desesperes**, Miguel. Es sólo una mala racha, ya pasará. Debes tranquilizarte, porque no vas a ganar nada si pierdes los nervios. Ya sé que (....)**no es fácil**, pero...

► Claro que no. Y lo peor es cuando la gente viene a darte lecciones de lo que tienes que hacer. Hace un rato vino Carlos, que quiere ser (....)**el que todo lo sabe y se ocupa de todo** y me ha estado diciendo tonterías que no me ayudan, sino que me deprimen.

▷ Ya, él es así. Pero aquí estoy yo que te voy a invitar a una caña y así te olvidas de todo un poco.

6. Responde a las siguientes preguntas sobre tu interpretación del texto:

a. ¿Qué papel crees que tiene en la novela el hecho de que Nando y Rosita se conozcan en el Día de los Muertos?

b. ¿Por qué crees que la novela tiene este título?

c. Rosita sufre porque no pueden tener hijos. ¿Crees que en los tiempos actuales, en los que tenemos los medios para poder elegir, es tan importante como antiguamente tener hijos?

d. ¿Cómo interpretas la relación entre don Nando y Checo? ¿Piensas que las experiencias se pueden enseñar, o que lo que una generación sabe vale para la siguiente?

TERCERA PARTE
Expresión escrita

1. En la novela, las cartas que se intercambian Nando y Rosita a lo largo del tiempo son parte importante de la historia. Aquí tienes unas fórmulas tradicionales propias de las cartas en español. Clasifícalas según su carácter formal o informal y según sean propias del comienzo o de la despedida.

Afectuosamente   *Hola, X*   *Atentamente*
Muy Señor mío   *Un fuerte abrazo*   *Amor mío:*
Querido/a X   *Un saludo*   *Estimado/a Sr./Sra.*

	Saludo	**Despedida**
Formal		
Informal		

2. Al principio de la novela, Nando y sus amigos están de viaje de fin de carrera. ¿Cuál ha sido el viaje más intenso que has hecho? Escribe una pequeña narración sobre él. Luego, todos los compañeros leerán su historia y las comentaréis o haréis preguntas sobre ellas.

3. La comunicación escrita entre jóvenes en España se realiza actualmente en forma de mensajes de teléfonos móviles. Se ha desarrollado así una especie de nuevo lenguaje, hecho a base de acortamientos de las palabras (es más barato) y signos simples. Aquí tienes un pequeño diccionario:

+	más	**t**	te	**qndo**	cuando
-	menos	**s**	se	**st**	este
x	por	**xa**	para	**hmos**	hemos
xq.	porque	**k**	ca	**hno**	hermano
a2	adiós	**kro**	caro	**msj**	mensaje
b	beso	**qro**	quiero	**mjr**	mejor
bss	besos	**jnts**	juntos	**nka**	nunca
hr	hora	**smpr**	siempre	**t2**	todos
nd	nada	**ok**	vale	**tb**	también
tngo	tengo	**d**	de		
m	me	**dcir**	decir		

FRASES HECHAS (ejemplos)

FRASES CON PALABRAS SMS	FRASES EN CASTELLANO
a q hr qdmos?	¿A qué hora quedamos?
como t va	¿Cómo te va?
qndo akaba la peli	¿Cuándo acaba la película?
stoy n ksa	Estoy en casa
ns si re	No sé si iré
qdamos + trd	Quedamos más tarde
qtl tdo?	¿Qué tal todo?
tngo gnas d vrt	Tengo ganas de verte
tq	Te quiero
1b	Un beso

Ahora, con lo que sabéis, intentad escribir en castellano corriente el siguiente mensaje:

hola hno, qndo hmos llgado a kdiz x la nch t2 staban n la kma y ls hmos dsprtado. mñna m lvanto tmprano, ns a q hra xa sguir l kamino. a2

Y al revés, intentad escribir en el lenguaje español de los sms el siguiente texto:

Hola, Teresa, ¿cómo te va todo? Espero que estés bien. Quiero verte, ¿cuándo quedamos? Para mí es mejor quedar por la noche. Tengo ganas de verte. Te quiero. Besos.

Expresión oral

1. Actualmente se escriben muchas menos cartas que antiguamente, cuando era el único modo de comunicar con gente lejana. El teléfono hizo disminuir el número de cartas y, por lo tanto, el estilo epistolar (el utilizado para escribir cartas). Actualmente el uso de *sms, chats, messenger,* etc. ha ocasionado que la gente escriba mucho otra vez, pero con nuevos estilos. ¿Cómo es en tu país? Haced un debate sobre estas diferencias y explicad si os parece un proceso bueno o malo.

2. En grupos de dos o tres personas, escribid y representad un diálogo entre un mexicano y un español, utilizando las palabras del ejercicio 2 de la sección de "Gramática y notas", tratando de imaginar los equívocos y problemas de comunicación entre ambos. Puede ser divertido.

3. Una de las cuestiones presentes en la historia es la posibilidad de mantener una relación a distancia. En tiempos pasados los compromisos eran, posiblemente, más fuertes y las tentaciones más débiles. Actualmente, ¿creéis en la posibilidad de mantener relaciones a distancia sólidas y duraderas? Pensad no sólo en el amor, sino también en la amistad. ¿Conocéis algún caso?

CON AMOR Y CON PALABRAS

77

SOLUCIONES

ANTES DE EMPEZAR

2.

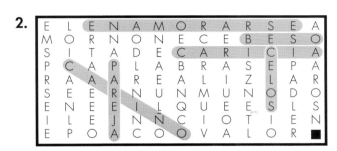

EL AMOR NO NECESITA DE PALABRAS EN UN MUNDO EN EL QUE EL SI-LENCIO TIENE POCO VALOR

3. a) Chile, **b)** Argentina, **c)** México, **d)** Cuba, **e)** Colombia, **f)** Venezuela, **g)** Ecuador

5. Argentina: Mar del Plata, Rosario, Buenos Aires
Bolivia: La Paz, Sucre
México: Puebla, Acapulco, México DF, Oaxaca, Monterrey, Chihuahua
Cuba: Pinar del Río, La Habana
Venezuela: Maracaibo, Caracas
Perú: Arequipa, Lima, Trujillo
Ecuador: Quito, Guayaquil

6. platicar, ajonjolí, chamaco

7. Con la imagen **a).** mariachi mexicano, **b).** inca (Perú), **c).** gaucho argentino, **d).** azteca (México)

PÁRATE UN MOMENTO

1. a6, b4, c7, d8, e5, f3, g1, h2

2. GENTILICIOS DE LA REPÚBLICA MEXICANA

Estado	Gentilicio	Capital	Gentilicio
Aguascalientes	aguascalentense, hidrocálido	Aguascalientes	aguascalentense, hidrocálido
Baja California	bajacaliforniano	Mexicali	mexicalense
Baja California Sur	sudcaliforniano	La Paz	paceño
Campeche	campechano	Campeche	campechano
Coahuila	coahuilense	Saltillo	saltillense
Colima	colimense, colimeño, colimote	Colima	colimense, colimeño, colimote
Chiapas	chiapaneco	Tuxtla Gutiérrez	tuxtleño, tuxtleco
Chihuahua	chihuahuense	Chihuahua	chihuahuense
Distrito Federal	defeño		
Durango	durangueño, duranguense	Durango	durangueño, duranguense
Estado de México	mexiquense	Toluca	toluqueño
Guanajuato	guanajuatense	Guanajuato	guanajuatense
Guerrero	guerrerense	Chilpancingo	chilpancingueño
Hidalgo	hidalguense	Pachuca	pachuqueño
Jalisco	jalisciense	Guadalajara	guadalajarense, tapatío o guadalajareño
Michoacán	michoacano	Morelia	moreliano
Morelos	morelense	Cuernavaca	cuernavaquense
Nayarit	nayaritense, nayarita	Tepic	tepiqueño
Nuevo León	neoleonés, neolonés, nuevoleonense	Monterrey	regiomontano
Oaxaca	oaxaqueño	Oaxaca	oaxaqueño
Puebla	poblano	Puebla	poblano, angelopolitano
Querétaro	queretano	Querétaro	queretano
Quintana Roo	quintanarroense	Chetumal	chetumalense, chetumaleño
San Luis Potosí	potosino	San Luis Potosí	potosino
Sinaloa	sinaloense	Culiacán	culiacanense
Sonora	sonorense	Hermosillo	hermosillense
Tabasco	tabasqueño	Villahermosa	villahermosino
Tamaulipas	tamaulipeco	Cd. Victoria	victorense
Tlaxcala	tlaxcalteca	Tlaxcala	tlaxcalteca
Veracruz	veracruzano	Jalapa	jalapeño
Yucatán	yucateco	Mérida	meridano
Zacatecas	zacatecano	Zacatecas	zacatecano

COMPRESIÓN LECTORA

1. a.- *F,* b.- *V,* c- *F,* d.- *F,* e.- *V,* f.- *F,* g.- *F,* h.- *V,* i.- *F,* j.- *V,* k.- *V,* l.- *V,* m.- *F,* n.- *V,* ñ.- *F,* o.- *V,* p.- *F,* q.- *V,* r.- *V,* s.- *V,* t.- *F,* u.- *F.*

2. 1a, 2b, 3b, 4c, 5a, 6b, 7b.

GRAMÁTICA Y NOTAS

1. 1, *c;* 2, *a;* 3, *c;* 4, *a;* 5, *b,* 6, *a;* 7, *b;* 8, *c;* 9, *b;* 10, *a;* 11, *c;* 12, *c;* 13, *d;* 14, *a.*

3.

Cuadra-Manzana	**Fuereño**-De fuera	**Codo**-Tacaño
Metiche-Entrometido	**Calentada**-Paliza	**Boleado**-Lustrado
Lana-Dinero	**Chamaco**-Chico(a)	**Chavo(a)**-Niño(a)
Güero-Rubio	**Disparar**-Invitar	**Chino**-Rizado

4. Las palabras que se han cambiado respecto al texto original son las siguientes:

Guardado por ahorrado; colocó por instaló; alquiló por compró; espacio por local; levantó por montó; comidas por abarrotes; tras por con; Nandito por don Nando; puso por dedicó; cuidar por mantener.

5. **¿Estás enfadado?** — ¿Comes gallo?
Ganarme la vida. — Sacarme la papa.
No te desesperes. — No comas ansias.
No es fácil. — No son enchiladas.
El que todo lo sabe y se ocupa de todo. — El ajonjolí de todos los moles.

EXPRESIÓN ESCRITA

1.

	Saludo	Despedida
Formal	*Muy Señor mío* *Estimado/a Sr./Sra.*	*Afectuosamente* *Atentamente*
Informal	*Querido/a X* *Hola, X* *Amor mío:*	*Un fuerte abrazo* *Un saludo*

TÍTULOS DISPONIBLES

LECTURAS GRADUADAS

I-I **Muerte entre muñecos**
Julio Ruiz
ISBN: 978-84-89756-70-0

I-I **Memorias de septiembre**
Susana Grande
ISBN: 978-84-89756-73-1

I-I **La biblioteca**
Isabel Marijuán Adrián
ISBN: 978-84-89756-23-6

I-I **Azahar**
Jorge Gironés Morcillo
ISBN: 978-84-89756-39-7

I-II **Llegó tarde a la cita**
Víctor Benítez Canfranc
ISBN: 978-84-95986-07-8

I-II **En agosto del 77 nacías tú**
Pedro García García
ISBN: 978-84-95986-65-8

I-II **Destino Bogotá**
Jan Peter Nauta
ISBN: 978-84-95986-89-4

E-I **Amnesia**
José L. Ocasar
ISBN: 978-84-89756-72-4

E-II **Paisaje de otoño**
Ana M.ª Carretero
ISBN: 978-84-89756-74-8

E-I **El ascensor**
Ana Isabel Blanco
ISBN: 978-84-89756-24-3

E-I **Historia de una distancia**
Pablo Daniel González-Cremona
ISBN: 978-84-89756-38-0

E-I **La peña**
José Carlos Ortega Moreno
ISBN: 978-84-95986-05-4

E-II **Manuela**
Eva García y Flavia Puppo
ISBN: 978-84-95986-64-1

E-I **Carnaval**
Ramón Fernández Numen
ISBN: 978-84-95986-91-7

I-II **Las aventuras de Tron**
Francisco Casquero Pérez
ISBN: 978-84-95986-87-0

S-I **Los labios de Bárbara**
David Carrión
ISBN: 978-84-85789-91-7

S-II **Una música tan triste**
José L. Ocasar
ISBN: 978-84-89756-88-5

S-I **El encuentro**
Iñaki Tarrés Chamorro
ISBN: 978-84-89756-25-0

S-I **La cucaracha**
Raquel Romero Guillemas
ISBN: 978-84-89756-40-3

S-I **Mimos en Madrid**
Alicia San Mateo Valdehíta
ISBN: 978-84-95986-06-1

S-II **La última novela**
Abel A. Murcia Soriano
ISBN: 978-84-95986-66-5

S-I **A los muertos no les gusta la fotografía**
Manuel Rebollar
ISBN: 978-84-95986-88-7

HISTORIAS DE HISPANOAMÉRICA

E-II **Regreso a las raíces**
Luz Janeth Ospina
ISBN: 978-84-95986-93-1

E-II **Con amor y con palabras**
Pedro Rodríguez Valladares
ISBN: 978-84-95986-95-5

E-I **Presente perpetuo**
Gerardo Beltrán
ISBN: 978-84-9848-035-1

HISTORIAS PARA LEER Y ESCUCHAR (INCLUYE CD)

E-II **Manuela**
Eva García y Flavia Puppo
ISBN: 978-84-95986-58-0

I-II **En agosto del 77 nacías tú**
Pedro García García
ISBN: 978-84-95986-59-7

S-II **La última novela**
Abel A. Murcia Soriano
ISBN: 978-84-95986-60-3

E-I **Carnaval**
Ramón Fernández Numen
ISBN: 978-84-95986-92-4

I-II **A los muertos no les gusta la fotografía**
Manuel Rebollar
ISBN: 978-84-95986-90-0

E-II **Regreso a las raíces**
Luz Janeth Ospina
ISBN: 978-84-95986-94-8

E-II **Con amor y con palabras**
Pedro Rodríguez Valladares
ISBN: 978-84-95986-96-2

E-I **Presente perpetuo**
Gerardo Beltrán
ISBN: 978-84-9848-036-8

Niveles:

E-I ➜ Elemental I	I-I ➜ Intermedio I	S-I ➜ Superior I
E-II ➜ Elemental II	I-II ➜ Intermedio II	S-II ➜ Superior II